一本书看懂
商业模式

看懂商业模式，改变你的人生

徐 淼 ◎ 著

中国商业出版社

图书在版编目（CIP）数据

　　一本书看懂商业模式：看懂商业模式，改变你的人生 / 徐淼著. -- 北京：中国商业出版社, 2022.5
　　ISBN 978-7-5208-1971-8

　　Ⅰ. ①一… Ⅱ. ①徐… Ⅲ. ①商业模式—研究 Ⅳ. ①F71

中国版本图书馆CIP数据核字（2021）第245287号

责任编辑：刘毕林 刘万庆

中国商业出版社出版发行
（www.zgsycb.com　100053　北京广安门内报国寺1号）
总编室：010-63180647　　编辑室：010-83118925
发行部：010-83120835/8286
新华书店经销
香河县宏润印刷有限公司印刷

*

710毫米×1000毫米　16开　14印张　170千字
2022年5月第1版　2022年5月第1次印刷
定价：58.00元

****

（如有印装质量问题可更换）

推荐序

"未来企业的竞争是商业模式的竞争",这是现代管理学之父彼得·德鲁克的真知灼见。因为他发现很多企业出现问题,靠经营模式根本无法及时和彻底解决,只能靠商业模式。

据相关企业调查研究显示,在濒临倒闭的企业中,战略原因占20%,执行原因占30%,而因为没有找到适合的商业模式走上不归路的却高达50%。由此可见,在决定企业生存和发展的资本、品牌、人力资源、市场、技术、商业模式等一些必然要素中,商业模式具有重要作用,商业模式已成为评价一家企业优劣的标准。是否拥有一个好的商业模式,决定了一个企业的高度。

因此,不管是刚刚起步的小公司,还是百年老企,有了好的人力资源、好的产品、好的企业文化之后,接下来关键的一步就是构建出适合企业发展的商业模式,否则无论企业资源多么丰富,资金多么雄厚,也免不了走向失败的结局。所以,那些能够持续发展的企业往往都拥有一个超级商业模式。

商业模式如此重要，但人们对其却没有充分的了解和认知。《一本书看懂商业模式》将提供简单、强大、禁得起考验的工具，来帮助人们设计、理解、再造和实施商业模式。

本书通过介绍商业模式的发展之路、现状总揽、顶层设计、结构原理、创建工具、精细设计、优化布局、战略解码、创新模式等内容，向读者完整展现了商业模式所涉及的各个方面。但本书真正的亮点在于，用通俗易懂的语言来讲解专业难懂的商业知识。本书的讲解深入浅出，内容丰富，能够让读者轻松且全面地了解企业商业模式的全貌。所以，这是一本系统性的商业普及读物，无论是技术人员、营销人员还是管理者都可以拿来一读，相信定能收获良多！

推荐人　张迅诚

2021.12.15 于北京

前言

现如今,"商业模式"俨然已经成为一个热词,几乎所有人都相信,只要构建一个好的商业模式,企业就成功了一半。

当下,人们所处的时代和经济形势正在发生着翻天覆地的变化,颠覆人们认知的事情不断发生。而要很好地应对和适应这些变化,最简单的方法就是从商业模式入手,但很多企业的商业模式已经落后且行不通,导致无论是规模宏大的"独角兽"企业,还是汇集着大量优秀人才的创新企业,都站在生死存亡的边缘。

本书以众多知名企业与品牌为例,分别介绍了商业模式的发展之路、各种类型的商业模式、商业模式的顶层设计、商业模式的结构原理、商业模式的创建工具、设计打造最优商业模式、商业模式布局、从企业战略强化商业模式、探寻新业态与新的商业模式、商业模式革新重塑等内容。通过总结和分析近百个优秀且真实的典型案例的"内在奇妙结构",破解了当今最具生命力的成功企业的赚钱秘密。这些企业有的是具有全球影响力的跨国企业,有的是初创企业,都很有代表性。

商业模式作为一种商业结构,随着环境的改变,其也正迎来极大的变革机遇。所以，如果想了解当下和未来商业模式的底层逻辑与基本理论原理，那么本书将是一部难得的人手必备的商业新思维"参考宝典"。因此，本书适合对商业模式、盈利模式、商业新形态、元宇宙等有兴趣的新时代创业者、管理者、营销人员和技术人员阅读，它可以让人很直观系统地了解商业模式的全貌，收益良多。

徐淼

2021.12.12 于中国·香港

目录

第一章

历史回眸：看商业模式的发展之路

1. 商业模式究竟是什么 / 2

2. 古代商业模式知多少 / 4

3. 近代商业模式都有哪些 / 7

4. 现代商业模式的快速发展 / 9

5. 互联网与商业模式的碰撞 / 11

6. 商业模式的进化之路 / 13

第二章

现状总揽：了解五花八门的商业模式

1. 了解商业模式的主要类型 / 18

2. 诱钓模式：惠普打印机 / 20

3. 低价质优模式：小米千元机 / 22

4. 连锁模式：标准化的麦当劳 / 25

5. SPA 模式：优衣库快时尚 / 27

6. O2O模式：美团与大众点评 / 29

7. 免费广告模式：开创者雅虎 / 32

8. 开放模式：共享单车、共享办公 / 34

9. 长尾模式：拼多多崛起的秘密 / 36

10. 分拆模式：轻资产成趋势 / 38

11. 垂直模式：三星打通上游到下游 / 40

12. 电子商务模式：淘宝的模式分析 / 43

第三章

高瞻远瞩：作好商业模式的顶层设计

1. 商业模式的四大组成要素 / 48

2. 怎样合理地配置资源 / 50

3. 商业模式顶层设计的价值 / 53

4. 明确商业模式顶层设计的核心 / 55

5. 商业模式与资本顶层设计 / 58

6. 如何设计更好的转型、转向、转行 / 60

7. 小资金撬动大生意：万达的BT模式 / 62

8. 用好股权，让企业自动运转 / 65

9. 顶层设计决定企业能走多远 / 67

第四章

深度透视：洞悉商业模式的结构原理

1. 商业模式的九大板块 / 72

2. 商业模式的四个象限 / 75

3. 商业模式的纬度 / 77

4. 基于战略蓝图的商业模式 / 79

5. 基于容器效应的商业模式 / 82

6. 基于规则的商业模式 / 84

7. 关于商业模式的测评 / 86

第五章

大胆创建：学会用商业模式创建工具

1. 精益画布：适用于初创型组织 / 92

2. 商业模式画布：适用于成长型组织 / 95

3. 如何打造自己的商业模式 / 98

第六章

精细设计：如何打造出最优商业模式

1. 商业模式的八大衡量要素 / 102

2. 最优商业模式的四项设计原则 / 104

3. 客户是商业模式的核心 / 107

4. 打造商业模式之资源维度 / 109

5. 打造商业模式之交易维度 / 111

6. 打造商业模式之价值维度 / 113

7. 打造商业模式之场景维度 / 115

8. 故事：让商业模式更有聚合力 / 117

第七章

优化布局：让商业模式变得无懈可击

1. 商业模式是一个生态圈 / 122

2. 鸟瞰你的整个生态圈 / 124

3. 布局决定商业模式的成败 / 126

4. 扩大利润：垂直供应链整合 / 128

5. 资源配置：水平供应链整合 / 130

6. 降低内耗：内部系统化整合 / 133

7. 做好市场的深度再开发 / 135

8. 商业模式的跨界新玩法 / 137

第八章

战略解码：强化企业战略，加持商业模式

1. 产品战略 / 142

2. 成本战略 / 144

3. 会员战略 / 146

4. 时间战略 / 148

5. 口碑战略 / 151

6. 资源战略 / 153

7. 品牌战略 / 155

8. 金融战略 / 157

9. 市场战略 / 159

10. 价值战略 / 161

第九章

趋势瞭望：探寻新业态与新的商业模式

1. 众筹：商业与非商业的中间地带 / 166

2. 众包：众包模式的便利与争议 / 168

3. 共享：一种不同于租赁的新模式 / 170

4. 团购：人＋人＝不可思议的商业力量 / 173

5. 定制：与众不同的个性化需求 / 175

6. 体验：虚拟服务类产品的生意经 / 177

7. 免费：给 A 提供服务由 B 买单 / 180

8. 直播：三次元的新商业模式 / 182

9. "消费者＋股东"：股东制俱乐部 / 185

第十章

革新重塑：打破商业模式的生命周期

1. 商业模式的生命周期率 / 190

2. 复制商业模式的利与弊 / 192

3. 革新：唤醒商业模式生命力 / 194

4. 如何评估商业模式的环境 / 197

5. 商业模式创新伴随高风险 / 199

6. 商业模式创新中的行为准则 / 201

附录：徐淼老师"商业模式语录" / 205

后记 / 209

第一章
历史回眸：
看商业模式的发展之路

不同的社会时代背景下，市场经济形势也在不断发生着变化，企业为了更好地实现自身的发展战略，适应社会发展的潮流，也在积极构建适合自身发展的商业模式，作到与时俱进，从而获得更加长足稳定的发展。

1. 商业模式究竟是什么

时下,很多投资者和创业者的口头经常挂着一个名词,那就是"商业模式"。尽管这个词语最早出现于20世纪50年代,但是直到20世纪90年代它才被人们所熟悉,发展到现在,几乎每一个人都笃定,只要有一个好的商业模式,自己离成功就不太远了。

那么,商业模式到底是什么呢?所谓商业模式,是指企业与企业、企业与顾客、企业与部门、企业与渠道之间等方方面面的交易方式。简单来说,就是通过什么样的运作方式来赚到钱,其本质就是让持续的价值交换能够顺利地进行。

小王自己家蒸手工馒头,一袋的成本是3元钱,5元钱一袋卖出去可以赚2元钱;隔壁叔叔退休了,帮别人遛狗,每次2小时,收费10元钱;同事的女儿从国外留学回来,专门开了一个咨询机构,方便学生家长来咨询相关的留学信息,每次1小时,收费200元钱;张阿姨家有三套房子,空着没人住,就把房子出租,靠收取租金来赚钱;某地产公司的业务员帮助客户从专业的角度选房子,然后从购房款中收取2%的介绍费;猎头公司到处收罗各种各样的人才，然后再把他们推荐给招聘公司，从推荐成功人才的年薪中赚取 15% 作为回报；某直播平台的用户突破数百万时，用户通过买礼物的方式打赏给主播钱，直播平台会和主播按照比例来分配这笔钱；某知识付费 App，靠回答网友的问题、卖电子书、音频等赚钱；某短视频团队，靠制作各种脑洞大开的段子、笑话和恶搞的视频内容来吸引粉丝关注，同时再接一些公司的广告进行变现。

以上案例无论大小，都是商业模式，可以说，只要是有钱赚的地方，就有商业模式存在。

随着市场需求日益清晰，资源分类越来越精细，商业模式的价值也越来越凸显。与此同时，了解好的商业模式的特点，找到适合自己的商业模式，对企业和个人都显得尤为重要。那么，有价值的商业模式，也就是好的商业模式究竟是什么样子的呢？具体来说，好的商业模式具有以下 3 个特点。

第一，价值独特。好的商业模式大多具有创新而独有的特征，往往是围绕产品、资源、渠道和服务的最优、最新组合，这种组合会给客户带来全新的消费体验。客户可以在这种模式下得到更多的额外价值、用最低的价格获得最大的收益，或者以不变的价格获得超值的利益。比如某些企业，不再是通过中间商或者是代理商找到消费者，而是通过电商平台直接面对消费者，这样消费者就可以用从未享受过的低价买到心仪的商品，同时企业也能找到自己的精准客户。

第二，持续稳定。好的商业模式必须要做到持续稳定，能够年复一年、日复一日地运行。这虽然看似简单，却并不容易做到。比如网络上爆火的"拉面哥"程运付因 3 元钱拉面坚持 15 年不涨价而远近闻名，这就是他持续稳定运行自己商业模式的价值体现。现实中却有很多企业总是心猿意马，随意跟风，导致商业模式不能持续稳定，客户自然感受不到企业的独特价值，企业自然无法走得长远。

第三，难以模仿。企业通过确定自己的商业模式，实现自己在客户眼中具有独一无二的价值，比如对客户的洞悉能力、市场的快速反馈能力等，从而巩固自己的利益，不被同行超越。比如在 IT 行业被誉为"重磅炸弹"的戴尔公司，很多同行都无法完全复制它的商业模式，因为这套商业模式的背后不仅有一整套完整、流畅和成熟的流程，还有丰富的资源作为支持，据此，这家以组装电脑起家的小公司，在短短十几年时间里就缔造出整个商业界的奇迹。

2. 古代商业模式知多少

说到古代的商业模式，主要有两种基本的模式，分别是集市货物贸易和异地贩运贸易，我们分别来进行阐述。

第一种模式：集市货物贸易。据说距今 3000 多年前，生活在部落里的人民安居乐业，用来生产生活的东西常常富余，于是就有人把这些东西拿出来和别的部落的人进行交换，互通有无。于是，各个部落的人民就约定在固定的时间和地点去进行商品交易。后来，随着文明与商业的不断发展，众多发达的部落和村镇都依靠出售货物获利，慢慢形成了商业一条街，成为更发达的集市。这种模式就是今天的集市、交易市场、超市和百货商店的雏形。

第二种模式：异地贩运贸易。古时候，部落里的人驯服了马和牛，发明了马车与牛车。于是，越来越多的人开始使用牛车或者马车拉着物品到更远的地方进行交易。这种交易方式极大地促进了古代商业的发展。

异地贩运贸易比较典型的方式主要有两种：一种是陆路。我国著名的"丝绸之路"就是异地贩运货物进行交易的商业模式的一个典型例子。"丝绸之路"是我国古代连接东、西方商业贸易的交通干道，这条道路上的商人们赶着骆驼和马车，载着充满异域风情的货物，华夏文明和波斯文明在这条道路上不断交融。另一种是海路。古代除了陆路，还有海路，阿拉伯人发明的航海技术，让古代商品贸易的半径得到了极大拓展。宋朝的时候，我国的杭州、广州、福州、泉州等地经常有西方的商船来此进行交易，而到了元代，杭州、广州、福州、泉州等地更是有大量的外国人在此居住，他们说着不同的语言，和中国人共同贸易致富。而到了明朝时期，航海家郑和率着浩浩荡荡的商船七次下西洋，进一步拓展了海上贸易，在把中国的瓷器送到了西方上层社会的同时，又把西方的黄金、香料等物品运回国内。

从我国古代的这两种主要的商业模式来看，有三个关键的元素：第一个元素就是货品。这些货品必须是可以互通有无的必需品，才有交易的价值。比如曾经活跃在茶马古道上的商帮，他们从一个山谷到另一个山谷，又从一个村寨到另一个村寨，用货物连接起中国西南和西藏地区，贸易成了大西南地区的联系纽带。此外，还有著名的"徽商"，从两淮运盐入湖广，再把盐变成大米，运到长江的下游进行交易，从中赚取利润。第二个元素是运输能力。古代因为交通不便利，所以无论是陆路还是海路，异地贩运贸易都存在着不可想象的风险与艰辛。那时候运输货物只能靠牲畜驮运和海运，而且又有土匪和海盗，社会治安不好，商人经常被打劫。特别是海运，由于货船吨位很小，能拉的货物非常有限，加之货船没有导航设备，变化无常的海上天气更是充满不测。所以，在古代，运输距离和运输的艰难程度决定着货物的价格和利润。通常情况下，距离越远，货物的利润就会越高。第三个元素是商品信息。作为在古代经商的人，必须清楚在哪些地区哪些货品比较紧缺，哪些商品可以在市场上获得较高的利润，什么地方的人们喜欢什么商品等，这样才能及时抓住商机。例如，中国古代"民间财神"范蠡看到漕湖一带有很多马夫，但苦于没有马。而在北方地区有很多好马却因为路途遥远运不过来。于是，范蠡就和他的一个商人朋友开始合作，从北方运送马匹过来贩卖。因为这位商人朋友和沿途的土匪都有交情，可以保证马匹不被打劫。因此，范蠡从北方买马，在商人朋友的护送下，顺利运到漕湖，双方都大赚了一笔。

3. 近代商业模式都有哪些

在工业革命之前,中国主要以农业生产为主,生产方式比较简单。而到了明清时期,手工业逐渐出现并愈加发达,已经有规模比较大的作坊出现。

清朝小说家曹雪芹的小说作品《红楼梦》里主人公锦衣玉食、令人眼花缭乱的繁华生活情景,以及大观园里亭台楼阁的奢华,无不与江宁织造府息息相关。江宁织造府早在明朝时期就已存在,因为当时南京地区的养蚕业和丝绸织造业比较发达,于是朝廷就在这里设立直属机构,清朝也延续了这个机构,其地位仅次于两江总督,可见其重要性。而曹家从曹雪芹曾祖父曹玺开始,历经祖父曹寅、父亲曹颙、伯父曹頫三代,一直掌管江宁织造府,掌权时长近60年。据相关史料记载,当时作为朝廷丝织品专供机构的江宁织造府无论是机器、人员配备,还是产值都具有相当的规模,仅南京市区就拥有织机3万多台,男女工人5万名左右,年产值达白银1200万两,丝织品织造业盛况空前。

随着工业革命的到来,因为机械化大生产需要大量的资金支持,所以在英国、俄国等资本主义国家中融资、股份制等新的商业模式应运而生，由此使得近代商业模式在生产环节、运输环节和销售环节，都迎来了全新的变革。

（1）生产环节的变革

在工业革命之后，机器代替了人力，到处是机械化的大生产，手工生产方式逐渐被淘汰，生产效率得到了全面提升。基于生产环节的变革，很多精明的商人开始对传统手工时代的商业模式进行改革。比如他们会低价销售剃须刀，然后大量生产剃须刀片，靠剃须刀片的持续销售来赚钱。与此同时，电报、电话的出现又打破了物理、地域空间的限制，人们可以远距离进行沟通和交流，这样大大提升了交易的效率。过去人们进行交易，需要当面确定交易内容，而有了电报、电话之后就可以随时在电报、电话中沟通。

（2）运输环节的变革

随着近代邮政事业的兴起，货物和商品运输的便利性大大提高，而且更加安全，人们不用再像古代商人们那样挖空心思去提防强盗和海盗了，只要支付邮费，就可以进行货物运输。再加上飞机、汽车、火车和轮船这些更加快速、安全又便捷的交通工具的出现，过去只能用马匹驮运那样既费时费力，又要频频休息的运输方式被摒弃，速度与效率明显提高，使得商业运输开始向更大的范围进行拓展。距离已经不再成为贸易的阻碍和问题，国际贸易开始不断发达和繁荣。

（3）销售环节的变革

随着通信技术与运输方式的突飞猛进，19世纪60年代一种全新的商业模式——连锁经营开始在美国出现，后来，麦当劳、肯德基把这种连锁模式推向了全世界，现如今在世界各地每个国家的大城市，都可以找到它们的身影。与此同时，销售环节的变革催生了百货业。百货业的模式不仅可以满足人们多样性的购物需求，也可以让人们在一个商场内购买到自己需要的各种商品。再后来，随着汽车进入普通家庭，人们再也不用担心一次买得多拿不了的问题，可以放心地购物了。

4. 现代商业模式的快速发展

现代商业模式之所以能够快速发展，离不开互联网技术的助推。1969年10月29日，在美国的斯坦福研究院与加州大学洛杉矶分校之间进行的两个阿帕网节点的交换网络通信的成功，意味着一个互联网时代的到来。谁也没有想到，一根细细的网线竟然完全颠覆和改变了人们的工作和生活。而对于商业模式来说，互联网的影响也同样非常巨大。

在传统的商业模式中，都是点对点进行动作。比如一个商铺，原来只服务周边的一部分居民，但有了互联网之后，商铺服务的范围就从一部分变成了无穷，前提是只需在线上建立一个商铺，就可以把自己商铺的商品卖到任何地方。只要店铺流量足够多，甚至线上商城可以自动下单、结算和发货，店主24小时都可以收钱，哪怕是他睡觉都不会影响生意，而成本仅仅是一台计算机。互联网在商业模式中的广泛应用，催生出了各式各样新奇、颠覆性的商业模式，而且这些商业模式大多依托互联网数据的参与，与传统模式相比更加精准和科学。而在传统的商业模式中，作一个商业决策只是一件拍脑袋的事情，完全依据企业家个人的经验和智慧，作出的决策存在很多风险。而有了互联网数据的支持，则完全可以避免这种情况的发生，最大化地节省了商业资源。

由此可见，现代商业模式的快速发展，离不开互联网技术日新月异的更新与迭代。在这样的时代背景下，商业模式得以不断创新，特别是中国的一些企业已经开始在某些领域占据上风。

在众多商业模式中有一种"免费"模式，但是把这种模式发挥到极致的，却是中国的企业。随着计算机开始进入亿万家庭，其在给人们带来便捷和更多资讯的同时，也造成了计算机病毒的泛滥，于是杀毒软件应运而生。很多国外研发的杀毒软件都曾在国内风靡一时，但是这些软件不是免费使用的，需要付费购买。360杀毒软件的诞生，则完全颠覆了这种收费的商业模式，有为电脑杀毒需求的人可以直接免费安装并使用其为电脑杀毒。一时间，互联网客户纷纷选择了360杀毒软件，它一度甚至成为装机必备。就这样，在很短的时间内，360杀毒软件就"一统江山"了，整个互联网杀毒界都成了它的天下，怎么玩都赚钱。

作为C2C电子商务模式的开创者，易贝不仅在美国获得巨大成功，在中国开拓市场也获得了不错的成绩，但是没想到却突然遭遇到"淘宝"这一强劲对手，败得溃不成军，最终不得不撤出中国市场。因为淘宝不收取商家的费用，易贝却要收取一定的服务费。淘宝很快就占领了中国市场，成为电商平台的"老大"。

现代商业模式不但发展迅速,而且非常善于创新创造。比如"互联网+"这个名词,就是中国现代商业模式不断"创造创新"的证明。随后,价格超低、功能超全的小米手机的走红,又为现代商业模式开疆拓土,"专注、极致、口碑、快"又成为国内商业模式的热词,大家纷纷开始效仿和实践。

5. 互联网与商业模式的碰撞

互联网与商业模式二者进行碰撞之后,就产生了"互联网+商业模式",也就是整合所有传统的商业模式,然后再通过互联网这个媒介,与各种商业渠道进行连接。这种新型的商业模式具有"高创新、高盈利和高风险"的特点,是一种全新的商业运作和组织模式。虽然它没有固定的模式,但是却可以给客户提供长期、持续的价值。"互联网+商业模式"主要有以下几个特征。

(1) 融合化

融合化发展是指"互联网+商业模式"越来越趋向于"线上+线下"共同发展,而不再只是在线上发展,很多在线上有影响力的企业主体开始向线下发展。相关数据显示，阿里巴巴集团累计投资线下传统产业已超过1000亿元，京东10000家线下专卖计划已经开始实施。与此同时，一些线下企业也开始主动做出融合发展战略，开始拥抱互联网。比如某知名化妆品牌，利用相关的信息技术，将商品的会员、服务和商品体系全面打通，进而实现了"线上+线下"全渠道的融合发展，使得营销更加精准化。

（2）生态化

构建自己的"互联网+商业模式"的生态化系统，已经成为当前各大品牌方比较关注的重点。他们通过自己的生态化系统，为消费者、商家和代理商提供支付、物流和交易等方面的服务与技术支持，让交易体验变得越来越便捷和简单，进而与他们形成关系紧密的生态系统。比如腾讯系、百度系、京东系等生态化系统，都已经取得了显著的生态化效益。而很多小微企业，通过借力这种生态系统，快速提升自身的品牌价值，比如韩都衣舍、G家、裂帛、衣品天成等互联网品牌。

（3）定向化

在传统的商业模式中，信息流、物流和资金流是企业或商家需要面对的三大挑战和难题，哪一个跟不上，都会影响到商业模式的正常运作。而利用"互联网+商业模式"就可以有效解决这个问题。

比如有一家名为稀好的新型电子商务平台，在2016年上线，是一个集进口、销售、物流和服务为一体的全渠道电子商务平台，业务围绕跨境海淘、国选臻品和异业联盟等板块，定位全球，跨境直购，汇聚了上万种进口商品，涵盖了冷冻水产、鲜活水产、水果、休闲零食、红酒、日用百货、小家电、配饰、美妆护肤品、个人洗护、奢侈品等系列商品品类，可为中国消费者提供20余类50个系列1000余种进口商品的一站式购物体验。这种全新的"互联网＋商业模式"的特点就是去掉中间环节，直接跨越了代购和中间商，让消费者用最优惠的价格买到保真保质的进口商品，平台"以销定采"，消费者通过虚拟产品订购，商家避免了库存压力，有效地解决了信息流、资金流和物流这3个关键问题。

（4）数据化

数据对于营销来说，意味着精准。现如今，在商业模式中消费者的每个举动都可以利用数据来捕捉和记录，可以说数据资源已经成为十分关键的生产要素。商家通过跟踪用户的消费习惯和购买行为，为用户画像，然后借助大数据给出千人千面的个性化建议，最终实现精准化的营销。一些决策、计划和分析的工作，原来由人主导，现在都由大数据来拍板。在大数据的助力下，商家可以对市场变化快速作出反应，科学预判，调控生产，随时进行人、货、场的优化重构。

6. 商业模式的进化之路

时下人们有一个共识，那就是：企业之间的竞争已经不再只是产品方面的竞争，而是已经成为商业模式之间的竞争。尤其是移动互联网时代的到来，使得商业模式再度成为人们瞩目的焦点，想要卖好货、赚到钱，或是想创业成功，都离不开商业模式这个利器。特别是当自己的用户群体已经具有一定的规模，需要进行转化和变现时，好的商业模式可以成为一个很好的助推器。但商业模式的发展与运用并不是一蹴而就的，而是需要经历3个发展阶段。

第一个阶段：要素组合阶段

这个阶段的商业模式主要由几个要素组成，而商业模式的变化也是围绕这几个要素进行最佳组合的运用。这几个要素主要包括客户细分、价值定位、明确服务、触达渠道、客户关系、收益流、人才等。企业和品牌方只需要按照以下过程和步骤按部就班进行完善就可以。首先，要更为精准地找到自己的目标用户；其次，明确自己可以给这些目标用户提供什么服务和产品；最后，是如何很好地接触到他们，如何实现自身的利润，自己手中有什么资源，比如人才、合伙人，或者资金等。

第二个阶段：三重体验阶段

商业模式的三重体验，主要是指注重对产品和服务的体验，一般表现在以下三个方面：一是要对用户有用。这里说的有用，就是产品和服务的功能比较出色，完全可以满足消费者的需求，可以轻松激发消费者的消费欲望。二是要让用户喜爱。这就是粉丝效应的另一种表现，只要能够得到粉丝喜欢，产品和服务就有销路，粉丝就会因为喜欢而买单和支持。比如罗永浩的锤子手机，粉丝们打出的口号就是："你只负责认真，我们帮你赢。"三是产品和服务要有创新。无论是哪种服务、哪个产品都要有自己的创新性，这样在市场上才有竞争力，这也是在移动互联网时代，产品和服务快速打开市场的不二法则。比如语音控制技术，随着技术和运用的不断创新，已经广泛应用于家用电器、母婴用品、玩具、家具等行业。

卖产品是商业模式的本质，也是核心，但是如果只是单纯地为了卖产品，那么商业模式的周期只会变得越来越短。如果在卖产品的时候，能够植入这三重体验，那么产品在各种场景之下都会产生刚需，就会产生有针对性的解决方案，从而打造出产品独一无二的竞争力，最终通过商业模式来成功带动产品的销售。

第三个阶段：简单易懂阶段

时代在不断地发展，人们越来越追求那些简单易懂，不用太费脑子的东西，因为人们的精力和时间毕竟有限，都希望能用到更加重要的领域。所以，人们变得越来越"懒"，这就是为什么会催生"懒人经济"的原因所在。所以，任何的商业模式要实现大范围推广和运用的前提，就是简单易懂。用几句话就可以说明白，然后大家才会有兴趣去关注去实践。如果一个商业模式不能让人轻轻松松就明白，那么就会影响它的吸引力。如果有足够的吸引力，那么所有参与者都有可能会为之疯狂，比如投资者、渠道商、代理商、用户或者消费者，这样的商业模式才具有自动自发的推动作用，才有可能成功。

智慧锦囊

企业通过确定自己的商业模式，在自己客户的眼中体现出具有独一无二的价值，比如对客户的洞悉能力、市场的快速反馈能力等，从而巩固自己的市场地位和利益，不被同行超越。

第二章
现状总揽：
了解五花八门的商业模式

商业的基础是市场经济，而交易是市场经济的基本行为，其中价值交易是根本。所以，商业模式的本质是一个关于价值交换的系统，它并不是单一不变的，而是多元、立体和组合的，进而可以形成不同类型、独特的商业模式。本章将介绍常见的两类商业模式，以及11种引起广泛关注的商业模式及其各自的案例。这11种模式分别是：诱钓模式、低价质优模式、连锁模式、SPA模式、O2O模式、免费广告模式、开放模式、长尾模式、分拆模式、垂直模式、电子商务模式。

1. 了解商业模式的主要类型

在当下，如果单纯地依靠产品去参与激烈的市场竞争，那么就会渐渐感到乏力，且不可持续。市场竞争的核心正在向"以客户需求为导向"的商业模式偏移，这种类型的商业模式大多运用了最先进的技术与理念，强调以价值链或价值网为基础的企业生态关系，与过去的市场竞争截然不同。

众所周知，商业模式的概念非常广泛，与商业模式相关的说法可谓五花八门，众说纷纭，且经常有创新。比如盈利模式，就是一个非常宽泛的概念。通常所说的跟商业模式有关的说法很多，B2C模式、广告收益模式、B2B模式、运营模式等，不一而足。从商业逻辑的角度，我们可以把商业模式分为两个主要类型。

（1）运营类商业模式

对于"百丽"这个鞋类品牌我们都不陌生，很多人去商场买鞋，即使嘴上说不喜欢百丽，结果选来选去可能还是会选百丽的产品。而且百丽还收购了中国著名的男鞋品牌江苏森达。

百丽很少作广告宣传，但就是这样的企业却曾经号称中国"鞋业之王"。为何这么说呢？因为在中国女鞋品牌销售排名中，前十名中有4个就属于百丽公司旗下品牌，比如百丽、天美意、他她和思加图。不仅如此，百丽还代理了几十个国际知名的鞋类名牌。为什么百丽能够实现这样的突破呢？就是因为它不是靠某个单一产品获得利润，它靠的是商业模式，而百丽的商业模式是侧重于运营方面的。百丽牢牢地控制了百货商场，也就是控制了零售终端。在每一个百货商场，不同品牌专柜的背后，很多都是百丽公司，它牢牢地锁定了客户，轻松获得了利润。

运营类商业模式的优势在于，它可以很好地解决企业、品牌与消费者、环境之间的互动关系，可以助力企业打造自己的核心竞争力，帮助企业结合自身的资源条件和发展战略在产业价值链中很好地进行定位，科学合理地设计企业的收入来源和收入分配。

（2）策略型商业模式

曲美家具开创了曲美E世界，是全国家居企业中唯一的单品线上商城。这种商业模式的侧重点是策略，就是用一根网线将全国各地的店都串联在一起。曲美在全国175个城市拥有近500家体验店，消费者可以在线上下单，公司总部收到订单后，会安排最接近消费者的体验店，邀请消费者到店中体验产品，然后再由当地的经销商发货并承担所有的售后服务。这种商业模式的策略就是线上同价，提升消费者的体验感。而且体验店不用摆放太多样品，线上商城有各式各样的商品展示，极大地满足和丰富了消费者的选购需求，节约了体验店的成本投入。

策略型商业模式并不是凭空出现的，它是在运营型商业模式的基础上加以扩展和利用而产生的，涉及和渗透在企业生产、销售和运营的各个环节，范围非常广泛。比如在业务方面，企业和品牌方需要向消费者输出统一的价值和利益。在渠道方面，企业和品牌方要向消费者传递统一的业务内容和价值。在组织结构方面，企业和品牌方要建立先进的管理控制系统，更好地进行策划、生产、销售和售后，再运用先进的互联网技术，尽可能地实现系统化和数字化。

2. 诱钓模式：惠普打印机

所谓诱钓模式，就是把产品分成两个部分来进行销售：一部分像鱼竿一样，是必须购入的，可以长期使用，只需购买一次就好。另一部分是像鱼饵，如果有鱼咬钩，鱼饵用完了还要更换。否则鱼竿没有了鱼饵，就等于废掉了。

大名鼎鼎的惠普公司是由两个来自斯坦福大学的毕业生创立的，他们分别是惠尔特和普克德均。1938年，当时还是学生的他们，为了创办这家公司，共同筹集了500多美元，在车库开始研制产品。当时他们研究的是音频振荡器，不得不说这两个创始人的运气非常好，他们的产品刚一问世，就赶上了第二次世界大战这个历史机遇，百废待兴的美国对电子产品的需求呈直线上升，惠普公司成为当时最大的电子设备供应商，由此赚到了第一桶金。随后两个创始人开始分工，一个负责研发新产品，另一个则负责外围的相关运营。在1972年的时候，惠普公司又研发出世界上第一台手持计算器，进而成功进军微电子计算机行业。在对这个行业的某个项目进行研究时，惠普公司的一个工程师因为一个意外，发现了硅薄膜如果产生电介质过热，那么薄膜下面的液滴就会喷洒出来这个现象，以此为启发，后来惠普公司又研发了喷墨打印机。当时市场上的打印机采用的是激光技术，这种打印机体型笨重、体积庞大，而且价格不菲，不是普通人能够承受得起的，而且使用时还有各种条件限制，十分不方便，只有一些非常有实力的公司才会购买。在这种市场环境下，惠普公司推出了桌面喷墨打印机，因为价格适中，所以可以面向普通大众。那么惠普公司是如何把价格和成本降下来的呢？惠普公司采用的就是诱钓模式。因为喷墨打印机如果打印任务多、使用时间长，那么就要更换墨盒和硒鼓，否则墨用完了就打不出字来，最后打印机就会罢工。于是，惠普公司就把打印机的价格降下来，吸引大家都来购买，然后把墨盒和硒鼓的价格提上来，这样人们用完打印机里的墨时，就需要再去购买可供更换的墨盒和硒鼓，如此循环。对于惠普公司来说，相比一次性赚够用户的钱，这种方法显然高明得多，而且更主要的是可以持续给公司带来可观的收入和利润。

诱钓式的商业模式非常经典，因为这种商业模式灵活、人性化，消费者一般都可以接受，所以这种模式在很多领域都有应用。除了案例中的惠普打印机，还有吉列T型剃须刀，它也是一个非常著名的诱钓式商业模式运用案例。吉列这种剃须刀非常好用，不仅刮得很干净，还不会伤到人，人们的使用体验很棒。但是这个产品在刚开始问世的时候，却并没有多少人问津，生意一度很惨淡，第一年只卖出不足100个剃须刀和刀片。

于是，吉列T型剃须刀的创始人开始寻找原因，他去做了大量的市场调查，发现吉列T型剃须刀的价格是造成大家不购买的原因。因为去理发店刮胡子要便宜得多，还不用自己动手，而买一个吉利T型剃须刀则要50倍的价格，相差太远，所以很少有人会去购买。了解了这其中的缘由后，吉利T型剃须刀的创始人开始调整销售策略，他使用了诱钓式的商业模式。因为剃须刀需要经常更换刀片，那不如降低剃须刀价格来吸引人们购买，然后再提高刀片价格，这样一来就可以在后期持续赚钱。于是，他开始亏本销售剃须刀，卖到原来价格的1/5，而刀片则提升了5倍的价格。就这样，吉利T型剃须刀的销路一下子就打开了，当年就售卖出9万把剃须刀、14万多片刀片，从此打开了销路。

3. 低价质优模式：小米千元机

我们都知道，低价格往往对消费者具有非常大的吸引力，但低价格并不是单纯地实施低价模式，产品的质量也要足够优秀。而质量足够好，且价格又低的模式长期实施确实能够打开市场进而占有市场，但是这样往往会给整个行业带来极大的破坏性，而低价实施者也不会捞到什么好处，反而让自己的路越走越窄。所以，企业和品牌方要在低价质优的同时实现自己长期的利润，往往需要强大的支撑系统，比如全新的工艺技术、高效率的运营管理和强大的生产能力等，进而形成牢固的竞争壁垒，不容易被竞争者超越。

小米千元机，是由雷军创办的小米公司打造的。虽然它的价格只有苹果手机的1/5，三星手机的1/3，但是它的功能却非常强大，配置很高，可以说是同时兼具了好看的皮囊和有趣的灵魂，给用户带来了非常好的使用体验，因此被誉为"国产神机"，一上市就被抢购一空，之后更是火得不得了。小米品牌通过这个策略，既积累了大批粉丝，又快速建立了自己的口碑。

小米千元机这种低价质优的商业模式之所以能够成功，是因为它解决了现实中商业效率低下的问题。在过去的商业模式中，任何一件商品都要经过很多环节才能到达消费者的手中，层层加价，消费者会花很多的冤枉钱，这样就会导致企业和品牌的获客成本直线上升。特别是在互联网时代，市场竞争的核心就是获客成本的竞争，获客成本的高低决定着企业有没有竞争力。当前，随着商业竞争越来越激烈，获客成本已经从最初的几元攀升到现在的几百元，而且还有继续攀升的趋势，但消费者却感知不到。而小米千元机低价质优的商业模式则可以消除一切中间环节，尽可能地降低因中间环节而产生的成本，这一点取决于小米供应链的优势。它可以通过先进的信息技术，让小米手机直接对接终端客户群体，没有一个中间商存在。例如，客户在小米商城上下单，商城总部收到订单后，会直接从小米的仓库将产品快递给消费者，不会有任何中间环节。而小米客户收到手机之后，还可以随时联系商城的客服商讨售后问题，去小米论坛上留言评论，把自己的使用体验分享给大家，这些信息可以作为手机意向购买者的参考意见，含金量很足，避免中间人传递信息可能造成的延迟与失真，轻松实现了资金流、信息流和产品流的直达。但是这样的低价销售，企业是很难通过手机这个产品赚到钱的，因为材料和生产的成本相对比较透明，利润空间几乎没有。

那么小米千元机不赚钱，靠什么赚钱呢？这就是小米的成功所在，那就是靠服务和各种增值赚钱，而这些服务和增值可以产生高附加值的盈利。手机本身只是接触客户的一个强链接，通过社交媒体的酝酿，提高用户口碑，通过解决用户痛点，进而获得用户数量的持续增长，不用打广告，不用造势宣传，只靠社交口碑来找到自己的粉丝和自己的潜在客户。

用户在小米千元机的购买使用体验中，能够真切感受到手机功能和质量的出色，所以会自愿向身边的亲朋好友进行分享，这种客户增长才是有价值的增长，能够给品牌带来持续的影响力拓展。

小米千元机通过采用在线上商城统一购买的模式，既有效降低了采购、存储、销售及管理的难度，又把运营和管理的费用降到最低，真正实现了低成本运营，在为社会创造价值的同时，自身也获得了丰厚的利润回报。

4. 连锁模式：标准化的麦当劳

作为商业模式之一的连锁模式适用于经营同一种类型的商品或服务，以一定的形式形成一个联合体，然后在统一的规划和管理下进行运营，实行集中化的管理，从而把独立的经营活动整合起来，形成规模和影响力，实现规模化的效益。连锁模式作为一种非常现代化的商业运作模式，是很多企业都在使用的模式，而在其中将这种经营机制发挥到极致的当数麦当劳。

麦当劳是一家全球性的快餐连锁集团，当前在全世界100多个国家和地区拥有32000多家餐厅，每天可以为3000多万人提供快餐食品服务，平均每3小时开一家新餐厅，影响力不可估量。那么麦当劳有什么魔力，能够让它的薯条和汉堡可以征服一个又一个国家，一种又一种文化？原因就在于，麦当劳有一套与特许经营相结合的中心管制系统的连锁经营管理模式。"小到洗手有程序，大到管理有手册"，这种模式可以将经营管理的每一个细节都标准化、规范化，能够在各个连锁店餐厅中被贯彻执行，进而才实现了在异域市场"滚雪球"式的快速拓展。

（1）加盟条件标准化

麦当劳的加盟条件非常严格，作为分店必须严格按照总部规定的标准、规范、作业程序和服务规则进行经营，还要与麦当劳总部签订合同。合同规定加盟店每年要上交一定比例的销售额，才能在规定的时间和地区内使用麦当劳的商标使用权、企业名称、产品制作技术等；加盟店的餐具、食品和原料不得自行购买，而是由专业供应商统一供货；加盟店必须严格遵守公司制定的管理制度，保证统一的产品质量。

（2）食品质量标准化

麦当劳对食品的质量要求非常具体，已经实现了标准化。比如牛肉饼要用机器切，对每一份牛肉饼的重量、厚度、直径和脂肪含量都有标准化的规定；店里使用的任何原料都要保证新鲜，生菜从冷藏库拿到配料台上，不能超过2小时，过时就要扔掉；炸薯条如果超过了7分钟、汉堡包超过10分钟还没有卖掉，都要立刻扔掉。

（3）店员服务标准化

麦当劳的服务非常周到，那是因为对员工有明确的服务指导规定，细化到了每个流程、每个时间细节。比如要求店员必须时时面带微笑，服务时能够做到快捷和准确，不能让顾客排队超过2分钟。而且顾客点完食品后，要在1分钟内将食品送到顾客手中。此外，对于员工的穿着打扮都有规定，高级管理人员会亲自到店里检查卫生、消毒等细节工作。所以，麦当劳的员工没有偷懒的。

（4）员工管理标准化

麦当劳规定员工每天开始工作之前，必须要先洗手，而且洗手之前就要先签到，否则洗了手再签到，还是不干净。对于洗手这个环节也有很标准化的规定，从打开水龙头、打湿手、使用洗手液、消毒、擦干等环节都有详细的要求。而且清洗干净的手不能再接触头发、衣服等，否则就需要重新消毒。

自创立以来，麦当劳一直精准地实践着创始人的初衷，一点也没有偏离，这都得益于运作模式标准化的功劳。在这个庞大的跨国连锁商业帝国中，它的规矩多而且严格，品质、服务、清洁的标准和目标从未变过，这也是为什么麦当劳从未被竞争对手所超越的根本所在。这种标准化的连锁模式，追求的是对工作细节的高品质要求。

5. SPA模式：优衣库快时尚

SPA模式也被称为自有品牌专业零售商经营模式，这种模式首次在1986年提出，出现在美国服装品牌GAP公司的年度报告中，是GAP公司为开拓公司的新业务模式而专门命名的，之后经过实践运用成熟后，在日本成功推行。SPA模式可以将整个生产、销售和策划环节垂直整合，有效将顾客与供应商紧密联系起来，通过不断创新的生产、供货和销售等流程，实现对市场的快速反应，进而满足消费者日益多变的消费需求。

实践证明，SPA模式具有特别明显的优势，主要表现为：一是企业和商家可以掌握大量关于消费者的一手信息和资料；二是供应链环节大大精减和高效，这样可以缩短和减少商品从工厂到消费者手中的时间和成本；

三是最大限度地减少对消费者需求的误判风险，可以快速对市场作出反应；四是商品策划只有尽量创新、独特，才具有市场竞争力；五是资金能够快速实现回收。

SPA 模式运营和实践得比较好的另一个企业代表是优衣库。优衣库走的是快时尚的线路，但是随着市场元素和消费需求的变化，快时尚的红利期已经消退，呈现不温不火的状态，导致很多快时尚的品牌开始走下坡路，但唯有优衣库依然火爆，始终不减快时尚的热度，一点也没有消退的迹象，反而又创新高度。那么，这是什么原因呢？

原因在于，有很多快时尚品牌在遭遇瓶颈开始不断作各种尝试时，优衣库却并不慌乱，它开始扎地基，越扎越深，这样做的结果是它们可以应对各种市场环境和变化。而且，优衣库没有转战线上销售平台，而是坚守自己的线下阵地，坚持拓展自己的线下门店。现在很多大城市都能够看到优衣库门店的身影，这就是一种 SPA 模式。因为在服装行业，潮流瞬息万变，但是销售的方式却始终不变，线下门店一直都是销售的主战场。虽然现在因为互联网技术的突飞猛进，线上销售给人们提供了很多便利，但这并不意味着线下销售方式的消退。因为消费者最终还是喜欢线下销售的体验感，毕竟这是可以摸得着、看得见的销售方式。比如，消费者虽然都习惯了网上购物，感觉这样方便、及时，可选择的范围也大。线上商品不仅种类多，而且价格可以作比对，从而可以让消费者买到性价比更高的商品，但是商品本身的质地、实物的样子、尺寸等却是看不见、摸不着的，也无法当时试穿，无法知道与自己的体形是否完全契合等，这些都是未知数。但是如果家附近有一个店铺，不仅销售的商品种类很多，离自己也很近，走几步路就可以到店里，真切地挑选衣服，摸摸材质，看看颜色，穿上试试，这样选择起来非常放心。说到底，消费者还是喜欢到店里买衣服。

基于此，优衣库并不着急去拓展自己的线上销售，仍然选择把精力放在线下，而线上销售对于线下销售只是一种辅助，而不是主要销售方式，因此，优衣库一直都没有停止线下扩张的步伐。它们的目标是能成为每一个人的衣柜，让消费者随时都可以到店中选购自己喜欢的衣服，所以它们没有关店，而是在更多的城市和地区继续开店。

6. O2O模式：美团与大众点评

O2O 模式用英语写作：Online to Offline，是指线上营销、线上购买，或线上预订（预约）带动线下经营和线下消费。也就是通过网购导购机，把互联网与地面店完美对接，实现互联网落地，让消费者在享受线上优惠价格的同时，又可享受线下贴心的服务。O2O 这个概念是在 2011 年首次被美国提出来的，这种模式与互联网相关，通过信息、打折、活动和预订等方式，把线下实体店内的一些信息传达给消费者，让他们到线下实体店内消费，从而促成消费，令其成为自己的忠诚客户，线上平台成为线下交易的一部分。与此同时，线下提供的各种服务，又可以为线上平台引流。

消费者是喜欢线上服务的，在线下实体店体验好之后，就会在下次顺理成章地再次进行线上服务选择和线下消费。这种模式推广得非常广泛，因为每一笔交易、第一个顾客从何而来都有迹可循，营销的效果如何可以进行监测，从而非常受各个企业和商家的青睐。其中美团和大众点评就是这个模式运用的典范。

美团和大众点评都是中间平台，一方面与众多商家连接，另一方面与众多消费者连接，由此形成一个完整的商业生态体系。那么，为什么消费者和商家都愿意通过美团和大众点评来"连接"呢？我们具体来说一下。

对于美团的消费者来说，通过在美团下单，可以花最少的钱，享受最大的实惠。首先，美团经常会推出各种代金券、会员价等给消费者打折，让消费者感觉美团越用越省钱。其次，消费者还可以通过美团最大化地丰富自己的消费选择，看更多的商家，浏览更多相似产品，从而实现线上货比三家，最终用自己最满意的价格买到最可心的商品。最后，通过美团消费者可以有效节约时间和精力，不用出家门就能吃遍整个城市的美食。比如你要出去吃一碗面，你得穿好衣服，开车15分钟才能在自己最近的生活圈中吃到这碗面。整个过程你花费的时间、精力和油费成本显而易见。但是如果你通过美团，只需要拿起手机通过浏览下单，1分钟就可以搞定，坐等美食上门即可。而省下来的时间，可以做自己任何喜欢做的事情。

对于入驻美团的商家来说，商家选择入驻美团可以最大化地展示自己的活动、菜品，给自己带来更多的顾客。比如消费者在美团看到图片，被其吸引就可以到店内用餐，而这个客人距离商家很远，如果没有美团，他根本发现不了这个商家，也不会到这里吃饭。与此同时，美团还可以增加商家的曝光范围和频率。比如某个酒店只是靠口碑来拓展影响力，但是有了美团之后，它就可以通过大数据技术，自动匹配顾客的口味、喜好和习惯，然后被精准推荐给消费者。这些方式都可以给商家带来可观的流量和经济效益。

  大众点评网是第三方点评模式，在中国属于首创，这种模式非常接近百度的营销模式，即通过关键字来进行精准营销，可以让用户与商家进行充分的互动，而且场景体验非常真实。在这个平台上，用户主动参与进来，主动分享自己的消费体验，给别人提供参考和借鉴。大众点评通过这种模式，用最低的成本获得了海量的餐饮服务行业的商家资源，然后把每一个用户的评论都集中起来，进而形成非常有影响力的信息。这种模式最大的优势就是非常简单，完全不用采集。因为平台上，商家信息由其自己完善，内容包括菜品、环境相关的图片、视频和介绍；而客户评论也是由客户自主填写，包括开店、关店、新口味的菜式等。这些源源不断产生的内容，对意向消费者具有重要的参考价值和吸引力，因而会为这个平台带来巨大的流量效益。

  由此可见，大众点评只是提供了一个平台，就把消费者和商家整合在了一起，这就是O2O商业模式的巨大能量和魅力。

7. 免费广告模式：开创者雅虎

免费广告模式，顾名思义，就是某些网站、平台为企业或品牌提供免费的广告服务，不需要其花一分钱就可以为其在自己的网站和平台上进行宣传和推广。而企业和品牌会把省出来的广告费用，变换成免费的体验产品、福利和小礼品提供给自己的用户，来进一步吸引用户的关注度，使网站和平台因此也从中受益，既增加了自己的网站和平台的实质内容和用户数量，又不用花钱就可以做到引流，这是一种共赢的模式。

运用免费广告模式最著名的案例就是雅虎。在2000年之前，各大网站之间竞争非常激烈，可谓风起云涌。雅虎成为这股潮流的引领者，第一次把"门户网站"这个概念打响，并成功推向全世界。

互联网刚刚兴起的时候，消费者上网的费用成本都非常高。网站是按照时间收费的，消费者为了记住某些自己需要的信息，还需要像记电话号码一样记录下来，非常不方便。当时还在斯坦福大学上学的杨致远注意到了这个情况，他和自己的小伙伴建立了一个网站，把互联网上杂七杂八的信息进行分类和整理之后，再提供给用户使用，从而使用户的上网体验更加快速而高效。这个网站一经上线，就受到了网民的追捧，但是随着网站流量的增加，他们的成本开销也增加了。杨致远开始策划雅虎的商业模式。他的伙伴提出可以做出两个选择，分别是按照时间和上网次数来收费。但是看到暴增的流量和点击率，杨致远的眼光看得更加长远。

他想到，报纸和电视的内容，只要足够吸引人就会有大量的观众和读者，而有了足够数量的读者和观众，那么就会吸引商家来打广告，而广告的收益会非常可观。于是，杨致远决定了自己免费广告的商业模式，努力做分类搜索引擎和门户网站内容，吸引网民点击网页，然后再吸引广告主，将点击量售卖给广告主。事实证明，这一模式非常成功，1995年，雅虎成功上市。

后来，国内的新浪、搜狐、网易等网站都学习模仿了这种免费广告模式。随后的"中国好声音"栏目组也同样学习模仿了这种免费广告模式。当时，这档节目是从国外引进的，由上海某文化公司将其从荷兰引入中国。而这家广告文化公司制作的第一季的节目冠名费就是6000万元人民币，因为他们有足够的流量来为广告主打造影响力，凉茶品牌加多宝看中了这档节目，他们出资冠名，打出了"中国好声音，中国好凉茶"的广告语。实践证明，这种模式非常成功。加多宝获得了足够多的曝光率和影响力，引进方和制作方获得了丰厚的广告收入，而观众也看到了高质量的电视节目。

不过，对于免费广告模式，最关键的一点是要打造足够优秀的产品和服务，否则无法吸引到用户的注意力，也就不会有流量，进而导致无法变现，结果就是竹篮打水一场空。与此同时，还要针对企业和品牌的实际情况，以及行业特点，为其量身定制广告的内容，做到精准投放，保持持续、不间断地引导宣传，只有这样才能更好地提升企业或者品牌的知名度和美誉度。而且企业和品牌也需要意识到，这是一个潜移默化的过程，需要时间和积累，不是一朝一夕就可以做到的事情，从而有效地选择是否参与合作，避免出现价值不匹配、效果不理想的盲目选择或无效期待。

8. 开放模式：共享单车、共享办公

开放模式指的是企业为了实现自身商业价值的最大化，打破原先的一些界限和壁垒，整合自身所有的利益相关者，通过内外部资源的融会贯通，从而创造更大价值和利益的一种商业模式。

共享单车模式诞生于2016年，企业通过在校园、地铁站点、公交站点、居民区、商业区、公共服务区等人群聚集地点提供自行车租赁服务，可以有效地解决人们的出行痛点。诸如不想买自行车、路程较近又不想走路、开车不方便、出行费用贵、堵车严重、环保低碳出行等情况，它是新型绿色环保的共享经济的产物，其客户以上班族和学生为主，租金是共享单车企业的主要收入。虽然这种模式在野蛮生长时期曾经出现了很多问题，但随着企业制度不断完善和规范，这个模式已告别烧钱补贴、恶性竞争的粗放式发展，目前已步入新的发展阶段。

如今共享单车的热度虽然减弱，但在共享经济的潮流下，又出现了一

种全新的办公模式，那就是共享办公模式。原来的楼宇物业逐渐从原来的整体转让、整层出租向"共享办公""柔性办公"的方式转变，这些企业通过提供办公场地，为自由职业者、飞速发展的新兴行业提供全方位线上线下的共享办公服务。共享办公模式与传统的办公模式相比，有着"形式灵活、低成本高效率"等特点。

共享单车、共享办公这两种模式都是运用开放模式的典型案例，也是商业模式创新的新趋势，基于价值网络这一组织载体，企业边界、产业边界逐渐被这种模式模糊和跨越。它主要具有以下3个特点。

一是服务方式灵活。共享单车、共享办公这种开放模式，打破了原来的商业模式，服务形式更加灵活多变，而服务群体也更加广泛。以共享办公为例，它不仅满足了创业型小微企业或个人对办公空间的需求，也为一些移动式办公、跨区域办公的商务人士带来了很多资源和便利，实现了办公现场资源融合和即时沟通交流，这是共享办公的一个突出优势。而且工作和社交在这里可以同时实现，进一步提升了工作效率。比如，你的公司需要一个宣传推广方案，而你的隔壁公司就是一家广告策划公司，这样一来，你不出办公区域就可以把专业的事情交给专业的人去做，既可以随时随地和对方沟通自己公司的需求、创意和目标，又可以更好地帮助和辅助各类中小企业的发展，最终实现共赢。

二是带来高效和节约。共享单车、共享办公这种开放模式，可以有效地节约资源。比如因为有共享单车的出现，大家出行可以不用专门再去买辆自行车放在家里，一来不占地方，二来可以节省一笔开销。而共享办公可以省去购买打印机、复印机设备，省去购买会议室桌椅，省去公司前台、保洁员，省去休息室等设备和人力投入，相关办公需要可以在共享区域的设备上按次收费来实现，非常合理，工作进行起来不仅成本低，还特别高效。

三是拓展资源和社交。共享单车、共享办公这种开放模式可以拓展社交和自身的资源。例如共享办公的企业经营范围涉及广泛，非常方便大家进行资源互换、互惠，还可以形成一个互助的社群，实现共赢。而且入驻企业可以专心把更多精力放在工作上，而不必再为办公环境、办公用品、会议室、招聘保洁员、前台等这些基础性的工作而分心。

9. 长尾模式：拼多多崛起的秘密

长尾商业模式指的是企业只要有足够强大的销售渠道和产品储备，那么原本一些销量不佳、需求不好的产品也可以占据足够多的市场份额，其营销效果完全与热卖产品没有什么区别，甚至有时候还能够远远超越那些产品。这种模式的提出，经历了一个漫长的过程，是由专门研究企业发展和商业模式的经济学家在长期市场观察的基础上经过分析提炼得出的。现如今，长尾模式已经成为一种成熟的商业模式被推广到企业的营销活动当中。亚马逊图书销售，淘宝、拼多多等都是比较典型地运用了长尾商业模式的企业。

如果想弄清楚拼多多的长尾商业模式，只需要拿它跟淘宝作一下比较，就可以看得出来，拼多多的商品更加便宜，且功能更加直接和简单，正因为如此，只有拼多多这样一个平台，才能满足大量的更加细分的超级长尾市场。比如，我们要买一双鞋子，在淘宝上购买，我们会关注鞋子的时尚程度、流行不流行、款式好不好、材质耐不耐穿、穿上会不会舒服等，价格自然与这些元素成正比，越时尚、越流行、越耐穿、越舒服的鞋子价格自然越贵，我们也心甘情愿地买单。但是，如果是在拼多多上购买鞋子，我们关注的可能只有一个元素，那就是这个鞋子只要能够穿着走路就行，而不管它是不是时尚、是不是耐穿、是不是舒服，只是因为它便宜，非常的便宜。在超级便宜的价格之下，我们的需求期待值也会降低。而抱有这样心理买鞋子的人，数量非常庞大，进而就形成了长尾效应。而且现如今，随着互联网经济的不断发展，这种销售模式的应用场景越来越多，已经涉及手机、汽车和家用电器这些行业。

除了拼多多的长尾商业模式应用，北美广播行业也是一个在这方面非常典型的应用案例。北美广播行业在前几年间，市场推广业绩一直不理想，处于不温不火的状态。于是，他们决定采用长尾商业模式来重新研究市场，并制订了市场推广方案。在实际的营销活动中，北美广播行业分为两步走：一方面用户可以将自己喜欢的节目轻松下载到移动的音乐设备中，而且操作起来非常方便快捷，进而吸引了大量的用户资源；另一方面他们将一些优秀的内容通过广播卫星向用户推送，令其付费订阅，从中赚取利润。

实践证明，北美广播行业运用长尾模式收获了极佳的效果，他们以细分市场、个性化导向为基础，用实际行动打破了传统的经营理念，取得了巨大的成功。

从以上分析我们可以明白，长尾商业模式是在移动互联网时代所兴起的一种新颖的商业营销方式。在这种模式背景下，低库存、小成本以及强大的平台可以助力企业更好地适应当下的消费者，保证小众商品能够及时被感兴趣的买家获得，满足他们个性化和多元化的市场需求，彻底打破传统的营销理念，解决产品产能普遍过剩的现实问题，标准化生产已经成为过去式。谁能运用好长尾商业模式，把握住这一市场发展趋势，那么谁就可以抢占市场的商业先机，然后稳中求胜，最终实现企业更好的发展。

10. 分拆模式：轻资产成趋势

分拆模式是指将企业的经营活动进行分拆。一般情况下可以分拆为3个模块，分别是客户关系管理、新产品开发以及基础设施管理。每个模块都有着不同的竞争对手、文化背景、竞争规则和盈利模式，它们共存于企业之中，又相对独立，进而很好地避免冲突或不必要的消长，最终帮助企业实现轻资产运营。

比如说你在水果摊上用10元钱买了一个西瓜，这个西瓜非常好吃，全世界只有一个，你舍不得自己吃掉，于是就放在水果摊上，让老板帮助你保管。小王A知道消息后，也想要这个西瓜，但是西瓜已经卖给了你，没有办法再卖给他了。于是，小王A找到你，希望你能分给他一半，他愿意出10元钱购买半个西瓜。你想了想很划算，毕竟自己没有任何损失，于是就把另一半西瓜卖给了小王A，赚了10元钱。

但小王A买到这半个西瓜之后也舍不得吃，也放在水果摊上展示。后来，又来了小王B和小王C，水果摊上的老板把两个半块西瓜切成了4块儿，同样每块卖10元钱。如此循环，每分切一次西瓜，这个西瓜的价值就翻一番，你赚得不亦乐乎。与此同时，水果摊老板每帮你切一次西瓜，都会额外收取8%的手续费。这样，在这个模式中你赚钱了，所有切分过西瓜的人也赚钱了，水果摊的老板也赚钱了，大家实现了共赢。

从这个案例中我们可以看出，能够使用分拆模式实现轻资产运营的企业，往往会有效运用3个有力的杠杆。一是资金的杠杆。运用这个模式的企业没有什么资金负担，可以说是负债少，风险低，运营效率非常高。二是系统的杠杆。运用这个模式的企业可以充分利用融合的力量，实现自身没有什么投资即可运营。三是收益的杠杆。运用这个模式的企业成功速度快，投入资本低，回报率很高，能够很快见到成效，收益比较可观。很多知名的企业和品牌，都运用分拆模式实现了轻资产运营。比如耐克、阿迪达斯、可口可乐、维森置业等，但要很好地运用这个模式，需要有3个前提条件。

（1）品牌价值高

品牌价值对一个企业来说至关重要，它无异于是企业的灵魂。传统模式下，要打造一个品牌的价值需要投入很多的精力和时间，但在分拆模式下，要想快速提升企业的知名度，打造品牌价值至关重要，因为只有品牌价值高的产品才有可能实现轻资产运营。

（2）拥有高附加值

一般情况下轻资产运营要求在很短的时间内就要实现市场份额的占领和市场的认可，所以运用分拆模式轻资产运营的品牌、产品和服务要有高附加值的特点，这样才能更容易得到市场的认同。

（3）实现市场细分

良好的市场细分，可以帮助企业占领足够大的市场空间，做到投入小产出大。比如2007年才创立的凡客诚品，仅仅用了不到4年的时间，就从475万元人民币创造出市值32亿美元的业绩，而这就归功于市场细分，实现轻资产运营。

分拆模式的广泛运用，让轻资产运营成为一种趋势，在越来越艰难的市场环境下，帮助企业摆脱运营繁重的程序与成本，通过使用合伙人的方式改变传统的雇佣模式，利用互联网平台来整合资源，在节省运营成本的同时，又能够获得各类更优质的资源。而这无疑也是商业未来发展的一个方向。

11. 垂直模式：三星打通上游到下游

垂直模式是指一个行业或细分市场深化运营的商业模式，其旗下都是同一类型的产品，相关业务也是针对同类产品来展开的。垂直模式的特点在于专业和专注，可以增强产品的影响力和口碑，能够更好地满足人们对产品的需求，更容易取得客户的信任，从而形成独特的品牌价值，最终赢得客户的忠诚度，而三星则是把这一模式运用得比较成功的品牌。

在所有的手机商家中，三星是唯一一家拥有完整产业链的手机生产企业，它不仅可以自行生产完成手机部件，比如芯片、内存、处理器、屏幕和摄影头等，还可以向其他手机制造商提供这些产品。要做到这一点，应归功于三星运用了可以打通产业链上下游的垂直商业模式，它让三星的每一个系列手机都可以变成领域内的佼佼者。比如三星AMOLED屏幕在业界内被认为是最好的手机屏幕，即便是苹果手机的屏幕也来自三星的供货，而我们国产的智能手机生产商在这一点上自然也不例外。通常情况下，最好的技术和产品，三星都会最先用在自己的产品上。比如第二代动态性AMOLED屏幕，分辨率达到3088×1440，无论是色度、颜色等都做到了现阶段领域内生产能力的最高水平，可以让人的视觉效果观感更为舒服。此外还有三星的高通芯片——全新的骁龙865Plus处理器，它是高通芯片现阶段最强劲的挪动处理器，持续使用手机时没有发烫感。

由此可见，三星运用垂直模式，成功地打通了上游到下游的产业链，使其在手机一些关键零部件方面的生产能力和技术水平都有不可超越的优势，甚至可以牵制苹果手机。所以，很多三星的竞争对手与三星之间，既是竞争关系又是合作关系，因为他们再也找不到更好的零部件供应商。

从三星打通上下游的垂直模式来看，这种全产业链的布局，是其快速发展的制胜之道。相比之下，放眼全球再也找不出第二家拥有这种全面技术能力的手机生产企业了。因为，这种垂直模式具有以下3点特别出色的优势。

（1）细分市场

对于运用垂直模式的企业来说，不管是针对垂直目标人群，还是垂直产品品类，归根结底面向的都是一个细分市场，进而满足用户的细分需求。像三星那样，要将细分领域做得足够专业和领先，并且还要放弃对规模的盲目追逐。要注意的是使用垂直模式之前，要确保自己所从事的行业具有足够的市场空间和容量，只有这样才能够满足企业持续性发展的需求。

（2）深耕供应链

垂直模式需要企业能够覆盖人们对某种商品的各种需求，所以，这就要求运用垂直模式的企业只有把供应链做得更深、更专业，才能做出自己的特色。这要怎么做呢？首先，要不断地优化供应链上的每一个环节，进一步提升运作效率，最终实现成本与效益的最佳配比。其次，企业要加强对上下游资源的影响和把控，要从供应链的高度去设计自己的产品和服务，实现从源头上控制产品和服务的质量。也就是说，垂直模式可以对供应链进行重塑和完善，要么使企业具有更高的供应链效率，要么可以提供更加独特的产品和服务，只有这样才能打造独属于自己的差异化。

（3）精细化运营

精细化的运营对于运用垂直模式的企业来说，是永远都要面对的一个命题。企业的成功与失败，很大程度上取决于管理、运营等方方面面的细节，这些都需要下功夫进行深耕，而不是一朝一夕就可以实现的事情。

12. 电子商务模式：淘宝的模式分析

所谓电子商务模式，就是指在互联网时代背景下，基于大数据、信息通信等技术来运作的商业运营和盈利模式。我们可以从多个角度进行分类，通常情况下，可分为3种类型，分别是企业对消费者（B2C）、企业对企业（B2B）和消费者对消费者（C2C）。作为亚太最大的网络零售平台——淘宝网，主要运用的电子商务模式就是C2C和B2C两种类型。其中C2C，类似零售市场，其购物对象都是最终端的消费者。B2C，就是我们经常看到的零售商直接把商品卖给消费者。

淘宝网采用的这两种商业模式，其特点类似现实商务世界中的跳蚤市场，主要由买方、卖方和交易平台3个构成要素组成，而淘宝网则相当于现实中的跳蚤市场的场地提供者和管理员。所以，在C2C和B2C这两种模式中，淘宝网的作用至关重要。因为网络本身就是一个虚拟的世界，如果在这个虚拟的世界中,没有淘宝网这样一个平台出现,那么就无法让买方和卖方互相产生信任,并产生交易。而有了这样的平台,不仅可以最大限度地消除不安全因素,还可以防止网络欺骗行为的发生。而且淘宝网还为商家和消费者提供互联网技术支持,为其会员提供更加完善和个性化的服务,从而让越来越多的商家和消费者选择淘宝网,最大限度地提高会员的忠诚度,这样淘宝网才能依靠广告、支付宝、B2B等业务赚钱,这就是它的盈利模式。当前,淘宝网这种电子商务模式运营得非常成功,注册会员已覆盖中国绝大部分的网购人群,交易额最高时曾占到中国网购市场的80%以上份额,可谓举足轻重。

由此可见,这种电子商务模式成功地将传统商业模式中的商务流程电子化,既大大减少了人力、物力和成本的投入,又突破时间和空间的限制,使得交易活动可以在任何时间、地点进行,有效地提升了交易的效率。与此同时,它还具有开放性和全球性的特点,为更多企业创造了更多的贸易机会。此外,它还可以增强客户和厂商之间的交流、沟通和交易,让厂商更加及时和全面地了解消费者的需求变化。

淘宝网的成功完全依赖于电子商务模式具备的独特优势,极大地颠覆和改变了传统商业模式在环境、市场和流程3个方面的种种限制。一是在购物环境方面,人们不再受时间和地域的限制,可以在任何时间、任何地点在淘宝网上购物,跨越时间、空间,为商家和消费者提供更加广阔的消费和发展空间。二是在淘宝网上,一个商家可以从一个小地域服务一小片地区的消费者,提升到一下子面对全球的消费者。而一个消费者也从只从一个小地区进行选择购物，提升到足不出户就可以在全国各地，甚至世界各地采购商品，并进行价格对比、质量对比，最终买到自己满意的商品，实现消费升级。三是从流程上来看，电子商务模式消除了各种中间环节，没有中间商，没有代理费，没有房租、水电等费用，不用出行购买等，大大节约了成本支出，降低了商品交易和流通的成本，不会产生额外的浪费。

智慧锦囊

随着移动互联时代的到来，想要卖好货、赚到钱，或者是想创业成功等都离不开商业模式这个利器。特别是当自己的用户群体已经具有一定的规模，需要进行转化和变现时，好的商业模式可以成为一个很好的助推器。

第三章

高瞻远瞩：
作好商业模式的顶层设计

基于对目标市场的理解，对用户需求的把握，对竞争格局的认知，想要用科学系统的方法对企业未来发展作出系统性规划，需要把经营目标、产品或服务的定位、实现目标的要素和风险都罗列出来，这样才可以发挥出商业模式顶层设计高瞻远瞩的作用。

1. 商业模式的四大组成要素

企业之所以存在，就是为了给利益相关者创造、获取和传递价值。所以商业模式的本质就是一种生成利润的模式，因此它的组成要素自然离不开利润的来源、生成、产出、创造这4个方面。因为对于企业的经营和发展来说，没有利润和价值则一切都无从谈起。而且，这些要素之间必须是有内在联系的整体，即可以有机关联起来，彼此之间互相支持、作用，最终形成良性循环，实现为商业模式稳定性、持续性地运行奠定基础。商业模式的四大组成要素如下。

（1）客户价值

大凡成功的商业模式都有自己的一套为客户创造价值的独特方法，可以在特定情境下，帮助客户更好地解决某些关键的问题，满足客户需求。因此，明确自己的企业可以为目标顾客创造或提供什么样的产品和服务，至关重要。这种产品和服务对客户的重要性越高，客户满意度就会越高，客户价值相应就越出色，价格也会越高。

事实证明，只有真正考虑到客户的真实需求，才有可能找到开启客户钱包的钥匙，创造出更高的客户价值。比如你是一家饮料公司的老板，每天都面临着激烈的市场竞争，如果你认为消费者喜欢喝饮料，这是一个不争的事实，不需要去作研究，甚至都不用打广告，只要把自己的饮料做好喝就可以了，那么你的客户价值就不会优秀到哪里去。但是，如果你能从消费者的角度去考虑，你就会发现有的消费者是为了打发时间才喝饮料，有的消费者则是为了社交才喝饮料，因为大家喝所以自己也喝，否则会显得自己不合群等。由此可见，消费者的需求是五花八门的，根本不是你的想当然。

（2）盈利模式

盈利模式是企业在为客户提供价值的同时，也为自身创造利润和价值的方案和计划，内容包括收入模式、成本结构、利润模式等。很多时候，人们认为"盈利模式"就等于是"商业模式"，其实这是错误的认知，因为盈利模式只是商业模式的一部分。

（3）重要资源

重要资源是指企业的人员、技术、产品与厂房设备以及品牌价值这类资产，企业可以通过这些资产向目标客户传递相关的价值主张。与普通的一般性资源相比，这类重要资源可以为企业创造出独有的差异化竞争优势。

（4）关键流程

很多成功的企业都有自己的运营和管理流程，而且可以被轻松复制和拓展，包括生产制造、员工培训、销售和服务、预算与规划等需要重复进行的工作。此外，关键流程还包括公司绩效指标的制度和条例等。

上述4个要素是商业模式的主要组成要素，其中客户价值主张和盈利模式可以决定客户和企业自身的价值；重要资源和关键流程则决定了企业如何向客户传递和交付企业价值，这4个要素相互依靠、紧密相连，其中任何一个要素一旦发生大的变化，都会对其他要素和整体产生影响。所以，如果企业要设计一个比较稳定的商业模式，那么就需要将这些要素用连续一致、互为补充的方式联系在一起。

2. 怎样合理地配置资源

相关数据统计显示，在很多企业的失败案例当中，因为战略原因而导致失败的占20%左右，因为执行原因而导致失败的占30%左右，而因为没有合理地配置资源，导致商业模式失败而走上绝境的企业竟然达到50%左右。由此可见，如何合理配置资源，拥有一个好的商业模式，是企业成功的一半。因为商业模式就是为了实现客户价值的最大化，只有这样才能够对企业内外的各方面资源进行合理的整合和配置，从而形成最具有竞争力的商业运营体系，并通过相关的产品和服务，达成为企业持续赚钱的目的。

世界零售巨头沃尔玛公司在刚开始创业的时候，因为启动资金不足，无法在大城市立住脚跟，更不能与实力更加强大的竞争对手再继续竞争下去，于是在经过对自己内部资源重新进行了配置之后，选择了"小镇开店"的商业模式，进而给了企业成长和生存的空间，直到后来才实现了"农村包围城市"的市场扩张。由此可见，决定一桩生意好不好，一个商业游戏完美不完美，盈利模式有没有竞争力的关键在于资源配置是否合理。

资源合理配置对于任何一种商业模式来说，都不是一蹴而就的，而是从小到大、从不完美到完美一步步得以实现的。只有明确自身所拥有的资源，正视不足和缺陷，通过设计更加合理的结构，进而让资源配置得更加合理和科学，才能够最终建立起"行得通"的盈利模式，然后应用同样的原理使不同的盈利模式相互叠加，进而构造出更加复杂的商业模式。由此可见，资源配置至关重要。而合理的资源配置则要做到以下几点。

（1）能够创新

商业模式中资源配置的创新形式贯穿于企业经营的整个过程，包括企业研发、资源开发、制造方式、营销体系、市场流通等各个环节。也就是说，在企业经营的每一个环节进行资源合理配置的创新，都可能创造出一种更加成功的商业模式。

（2）持续盈利

企业在激烈的市场竞争中，只有凭借资源合理配置打造出独特的商业模式，才能成功进入盈利区，创造出高于行业平均水平的利润，且可以实现长期持续盈利。

(3) 挖掘能力

要作到资源合理配置，企业还需要关注盈利能力对客户价值的挖掘。只要能够挖掘到和把握好客户价值，企业暂时的盈利或亏损都是正常的，企业长期的发展也都是极具希望的。一家资源配置合理且具有好的商业模式的公司虽然并不一定会亏损，但是如果遇到亏损，那么在亏损之后这个企业一定有能力重新扭亏为赢。

(4) 风险控制

资源配置合理的商业模式都能禁得起风险的考验。因为任何大厦，无论设计得如何精巧、如何伟岸，都需要有一个稳定性作为前提，商业模式中的这个前提就是风险控制，只有这样才能扛得住大风大浪，否则一切都是徒劳。

(5) 持续发力

资源配置合理的商业模式，其成功一定不是偶然发生的，而是能够持续发力，能够禁得住时间和市场的考验，能够在不断的调整配置的过程中最终打造出更加完善的商业模式。唯有如此，才能达到"凭此一招，吃遍天下鲜"的效果。

(6) 协调能力

资源配置合理的商业模式更加容易成功，因为要想实现资源的合理配置，就需要协调企业内部、企业的经营管理系统之间的关系和配合，使其进行有机的整合，将资源要素、企业目标与企业自身状况融为一体，最终形成内外匹配、行之有效的商业模式。只有通过各个内在联系把各组成部分有机地关联和协调起来，使它们互相支持、共同作用，才能最终形成良性循环。

3. 商业模式顶层设计的价值

在讲商业模式顶层设计价值的概念之前，我们先来看一个案例：

很多人一提到麦当劳，就认为它是靠卖汉堡包赚钱的，难道真的是这样吗？其实不然，让麦当劳真正实现盈利的是自身的供应链配送和商业地产这两个环节。麦当劳现如今在全世界各个城市大概有43000家门店，在每个门店开张之前，麦当劳都会先把门店做好，再用一倍的价格把它加盟出去，然后向加盟商每年收取一定比例的管理费用。与此同时，加盟的门店所有的商品、材料必须由麦当劳的总部派发，不得自行采买。这就是麦当劳的商业模式，根本不是人们的常规认知，即认为企业赚钱一定是在产品身上才能做到。

麦当劳的案例告诉我们一个事实，那就是商业模式顶层设计的重要性。如果没有顶层设计，跳不出产品思维，那企业就不会有什么大的发展。而商业模式的成功，却可以造就很多伟大的企业。

雪佛兰是一个知名度很高的汽车品牌，但是却一直做不大。究其原因，在于它的商业模式没有做好顶层设计，最直接的表现就是产品定位不清晰，导致产品特点不突出，以至于消费者对其印象模糊。比如提到雪佛兰，它的价值到底是便宜，还是昂贵呢？它有什么突出性能，还是有什么特别印象？就像沃尔沃＝"安全"、奔驰＝"尊贵"、大众＝"亲民"、法拉利＝"速度"，以及雷克萨斯＝"豪华轿车"、丰田＝"可靠的汽车"等这样特别的品牌联想，却无法用一个词来形容雪佛兰汽车。

由此可见，一个企业要想做大做强，就一定要有一种可以做大做强的商业模式，而很多企业之所以做到一定阶段就做不下去了，就是因为一开始就犯糊涂，思路不清晰。所以，企业打造商业模式之前需要作好顶层设计。

在世界范围内，对商业模式的运用和设计得最为经典的企业中，沃尔玛与微软始终是佼佼者，这两个企业把人类在商业模式创造方面的智慧表现得淋漓尽致。但时至今日，我们大多数的创业者或企业管理者都没有运用具体而实用的理论引导，依然是"摸着石头过河"。这导致很多优秀的企业都在偶然中崛起，又在模式中倒下，比如德隆、爱多、巨人集团、健力宝等。它们在开创阶段都创造了很多现在的企业仍难以企及的高度和辉煌，但是都没有可持续地发展下去，最终只是一蹶不振或落得被迫退出市场舞台的惋惜结局。因此，商业模式的顶层设计非常重要。

（1）商业模式顶层设计可以为企业提供可行模式

一个企业的商业模式能够全面反映这个企业的经营逻辑，而好的商业模式顶层设计可以指导企业应该发展什么、如何发展、走向何处、目标是什么等。比如，某太阳能集团用的是"技术推动—产业启蒙—利润回收—工业体系能力建设"这个发展模式，得到了当地政府和社会各界多方面的支持，走在了行业前列。

（2）商业模式顶层设计可以使企业的经营有方向

企业各种资源合理配置的依据来自商业模式的成功，而清晰的商业模式顶层设计可以让企业在经营中有方向，不至于迷失。比如在美国某航空公司的发展战略中，它们只强调3个因素，分别是亲切的服务、速度和频繁的点对点直航班次，没有在食物、候机室和座位选择上进行额外投资。在机票价格方面，它们只比照汽车运输和出行的费用进行定价，在突出重点的同时，保证了企业的低成本策略，所有的资源配置都以此为依据，这让它们在竞争者面前可以永远保持自己的优势。

4. 明确商业模式顶层设计的核心

乔布斯当年回归苹果公司之后，曾经向苹果公司最早的投资者、风险投资家迈克·马库拉提出了一个问题，那就是如何才能打造一个可以长盛不衰的公司？马库拉回答道，长盛不衰的公司都知道如何重塑自我。而这一句话，也指出了商业模式顶层设计的核心所在，就是只有不断地创新，避免企业产生成长惰性，始终保持进化能力，才能持续提升企业商业模式的价值。

但要做到这一点，必须将关注点集中在如何将企业的各种交易行为整合为一个高效率的模式这个关键环节，因为企业通过交易行为不断获取正向现金流的能力，就代表着自身商业模式的好坏。也就是说，可固化为模式的交易行为，则代表着企业背后现金流的获取效率。所以说，要想创新商业模式，就要在顶层设计中将提升现金流的获取效率作为重中之重。要想实现这一目标，主要可以从4个方面入手：一是商业模式的外部影响因素和潜在成长空间方面的设计，其中外部影响因素就是所谓"风口"，往往"风口"的"风"越大，企业可以获得的外力支持就越多。二是交易结构和内涵上的设计，这可以帮助企业在激烈的市场竞争中突破瓶颈，更加精准地找到自己的用户，从而更好地创新客户价值，形成效应，轻松吸引更多的客户。三是价值传递和交易现金流方面的设计，这可以帮助企业利用更多的金融工具提升现金流的价值。四是永续现金流方面的设计，它可以帮助企业依靠核心竞争力，打造持续获取现金流的"护城河"，确立发展"百年老店"的信心和目标。

但在进行商业模式顶层设计时，在确定企业如何创新的过程中，企业必须要遵循以下3个原则。

（1）持续盈利

设计商业模式的时候，企业的商业模式能否盈利和如何盈利是判断成败的重要参考标准。所以，企业不管如何创新都要保证商业模式不仅仅是盈利，还要有强劲的发展后劲，具有可持续性，能够持续盈利，而不是偶然。

（2）客户价值最大化

判断一种商业模式能不能盈利，往往又取决于客户价值，二者之间有着非常紧密的关系。如果是不能很好地实现客户价值的商业模式，即使可以实现盈利，也只是暂时的，不可能做到持续。反之，如果是客户价值最大化的商业模式，即使暂时是赔钱的，但最终还是会实现利润增长。所以，一种商业模式能否持续盈利，是与该模式能否使客户价值实现最大化有着必然联系的。所以在商业模式创新的过程中，要把对客户价值的实现再实现、满足再满足当作企业自始至终都要追求的目标。

（3）资源优化整合

商业模式创新，其实就是根据企业的发展战略和市场需求，不断优化资源配置，做到有进有退、有取有舍，以凸显企业的核心竞争力，最终获得整体最优，取得"1+1>2"的效果，增强企业的竞争优势，提高客户服务水平。

由此可见，商业模式顶层设计的核心是创新，而创新的关键是要做好自己最擅长，而别人不行的事。

5. 商业模式与资本顶层设计

商业模式、资本运营在当下是各界都比较关注的热词，企业的发展离不开商业模式与资本的顶层设计，这是企业有条不紊、永续发展的砝码。面对心思缜密、独具慧眼的战略布局者，任何竞争对手都会败下阵来。

如家酒店刚上市的时候，全国加盟连锁的店并不多，只有不到100家，而当时世界上最大的经济型连锁酒店的规模却有近5000家店。当时的如家酒店通过资本的运营，预期未来加盟连锁店要成长至5000家以上规模，是目前这100家规模的50倍。所以，当时如家酒店在纳斯达克上市时获得了100倍的市盈率。随后，如家酒店在中国355个城市推出了近3000家经济型连锁分店，下一步还要把店开到国外，实现自己的增长目标，实现国际化运营，这就是资本运营的杰作。

比如家酒店更厉害的是携程网，如果如家酒店实现国际化还有5年的时间要走，那么携程网已经实现国际化了。在携程网上可以非常方便地订购到120个国家的2.5万家酒店，而它自己却一家酒店也没有。它的商业模式属于"卖钢筋水泥"的模式，也就是说大家都去玩钢筋水泥，建好酒店，那谁来集中推广和售卖呢？携程网就卖酒店，最后谁挣得多？毫无疑问是携程网挣得多，因为它没有巨大的固定投入，革命性降低了成本。而且携程网卖完酒店还卖机票，边际效益特别大，很多航空公司都在抱怨是在给携程网打工，但抱怨完了还得继续跟携程网合作，这就是商业模式的力量。

从案例中我们可以知道，商业模式与资本运营对于企业来说都很重要，那么它们二者之间是什么样的关系呢？

（1）二者之间骨肉相连

商业模式与资本运营之间是骨肉相连的关系，其中商业模式对于资本运营来说，是其核心与基础。如果没有商业模式作为基础，那么，任何的资本运营都是不牢固的，犹如海市蜃楼，危机重重。与此同时，资本运营又是商业模式得以实现的重要途径之一。比如，某个传媒公司要在全国做连锁化的电梯楼宇广告平台，虽然模式看起来非常简单，只需要找到一部电梯，然后把联网的液晶屏安装进去就可以了。但是这种模式对于企业的投资需求极为巨大，所需资金不可估量。因为假如当时一块液晶屏是6000元钱，挂在8万个电梯楼宇中，就需要4.8亿元人民币，更何况是全国市场，可见投入是多么大。所以，这种商业模式如果没有资本运营的参与，是不可能成功实现和运转起来的。

（2）资本运营是支撑要素

在很多的项目中，没有资本运营的帮助和支持，商业模式就无法顺利实现。而且，商业模式的打造并不是简单的过程，如果只想赚快钱，那就不用考虑商业模式，但如果你想赚至少十年甚至或更久的钱，那就必须考虑商业模式。而资本运营就是商业模式的未来，所以资本运营是商业模式实现的非常重要的支撑要素，优秀的资本运营可以成就一个伟大的公司。

（3）商业模式是基础

任何一个成功的企业，其商业模式都是企业做大做强的基础。而未来的商业模式必然是一种融合性的发展，就是各个商业模式之间和多个商业模式之间的融合，透过商业模式的整合，完成财富的重新分配，可见商业模式就是企业立足的地基。

6. 如何设计更好的转型、转向、转行

在国内，如果盘点大型购物商场，很多人会马上想到万达，但事实上，曾经在中国购物商场中的头部企业却是低调的红星美凯龙。而红星美凯龙之所以能够取得今天这样的成就，离不开其在商业模式的设计及其转型、转向、转行之路上所下的功夫。

红星美凯龙在 2016 年时商场数量已经突破 200 家，成为全球规模最大、数量最多的大型商业家居运营商。众所周知，当时的家具行业正在面临市场的急剧转型和消费升级情况，各种困扰不断，导致家居行业的运营、营销、研发效率低，难以快速高效自我迭代，传统家居卖场客流量正在逐年下滑。在这样的时代背景之下，红星美凯龙作出了战略决策性的一步——马上转型、转向、转行，联合腾讯，实现家居行业智慧营销升级，打造了双方首

个合作成果——IMP全球家居智慧营销平台。这个平台将不同的家居品牌连接起来，让用户在家装周期内，可以做到无缝连接，省心省时省力。仅2018年"十一"大促销期间，红星美凯龙就实现商户销售收入高达106.82亿元，事实证明，红星美凯龙的转型、转向、转行之路无疑是成功的。

所谓企业转型，是指在原行业内控盘上下游，转变增长模型，升级商业模式，提升企业核心竞争力，实现利润增长；企业转行，是指跳出原有行业，转行到高科技制造业、环保、连锁业、服务业、农业等新兴领域，商机无限；企业转向，是在原行业内将运营着重点从阶段增长转向持续增长。而这3点红星美凯龙都做到了，它在原行业内转型实现了利润增长，又转行到高科技智慧家居行业，打开了商机。最终成功转向，从阶段利润增长模式实现了持续利润增长。由此可见，转型、转行、转向之路，是任何企业都必须要面对的现实，但商业模式如何转型、转行、转向却是决定企业运营成败的核心。

事实证明，企业运营中遇到的方方面面问题，如库存积压、利润薄、资金紧张、风险高、对上下游控制力差、品牌影响力低等，归根结底都是商业模式的问题。面对中国宏观经济环境的巨变，中国企业的"低成本时代"已经彻底终结，已经不可逆转地进入"商业模式"与"资本运营"的竞争层面。所以，在这个问题上，是值得企业和品牌去大力关注的。而商业模式的转型、转行、转向，必须满足以下3个条件，才有利于打造成功的商业模式，构筑企业的核心竞争力。

（1）顺应形势

好的商业模式的转型、转行、转向必须顺势而为，才有更广阔的出路。比如腾讯QQ、微信的背后是即时通信技术的发达，百度背后是互联

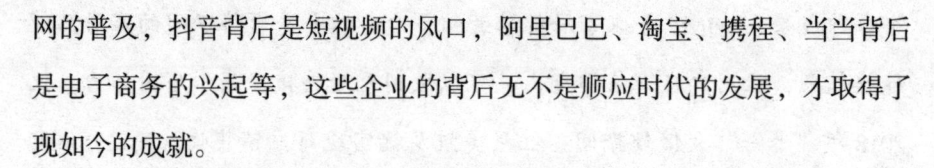

网的普及，抖音背后是短视频的风口，阿里巴巴、淘宝、携程、当当背后是电子商务的兴起等，这些企业的背后无不是顺应时代的发展，才取得了现如今的成就。

（2）创造优势

好的商业模式的转型、转行、转向必须具有开创性，能构建品牌自身的竞争优势，形成企业的核心竞争力。比如医药行业的哈药集团，率先采用"大广告投入"的发展模式，开创了医药行业的"哈药模式"，进而赢得市场先机，才跻身医药行业领军企业阵营。

（3）具有独特性

好的商业模式的转型、转行、转向必然具有独特性，而大多数是产品和服务组合的独特性，可以向客户提供额外的价值。比如可以让客户用更低的价格获得同样的利益等。

由此可见，好的商业模式的转型、转行、转向，其设计思路和实施过程必然是丰富和细致的，各个部分之间要能够互相支持和促进。改变其中任何一个部分，都有可能会变成另外一种模式，也可能收不到理想的效果。

7. 小资金撬动大生意：万达的BT模式

BT模式是英文单词Build（建设）和Transfer（移交）的缩写形式，即"建设—移交"，指的是政府利用非政府资金进行非经营性基础设施建设的一种融资模式。具体来说是BOT模式的一种变化，指一个项目通过投资方总承包，融资、建设验收合格后移交给需求方，需求方向投资方支付项目总投资加上合理回报的过程，可以轻松实现小资金撬动大生意。

众所周知，中国的房地产公司多如牛毛，那么为什么只有万达成长为当时房地产业的老大呢？因为万达使用了不一样的商业模式，与其他房地产商完全不同，那就是BT模式。而正是这个模式，为万达带来了持续稳定的收益，最终取得了成功。

在传统的商务地产行业中，其运营流程一般都是先要盖好商务楼，然后再进行招商。而万达却不走寻常路线，万达到了一个城市会先跟当地政府谈，在这座城市建一个万达广场，打造这个城市的另一个商业中心。万达建这个广场是不赚钱的，却能够给当地经济带来拉动力。所以，万达希望政府会把万达广场周边的土地便宜点卖给万达，因为万达后期还会盖住宅和写字楼，只有这样万达才会出面来做这件事情。通常情况下，万达会得到政府的大力支持。万达广场的建设周期通常需要18个月，企业先垫钱盖楼，广场盖好之后，这就是一个城市的商业中心。而且自己出钱给自己盖楼，不会有太多浪费，赚钱也不会太多。而当地政府会低价卖给万达一块住宅地作为补偿，所以万达靠住宅地产赚的钱都会多于投入修建万达广场的钱，这就是BT模式的灵活运用。

与此同时，万达会和麦当劳、肯德基、味千拉面等知名连锁企业签订合作协议，等万达广场一旦建好，马上把这些签约企业全部拉过去，吸引人流量的同时，也节约了招商成本。

万达BT模式之所以能够成功，其原因离不开我国经济建设的高速发展的时代背景及国家宏观调控政策的实施。当时，政府基础设施投资的银根压缩，且受到前所未有的冲击。在很多地方，政府如何筹集建设资金，成了制约基础设施建设的关键。另外，传统的投资融资模式存在很多不足和缺陷，比如项目资金不能有效进行封闭化的管理，金融机构、开发商、建设企业不能形成以项目为核心的闭合体，风险和收益分担不对称，且优势不能互补，资源得不到合理运用和流动。而 BT 模式却可以解决这些问题和不足。BT 模式之所以能够很好地解决这些问题，并得到广泛运用，其原因离不开以下 4 个优势：一是通过 BT 模式可以有效拉动地方经济增长，通过吸引社会资本的加入，对民间资本的投向进行了合理的引导，由此进一步提高了资本利用的效率；二是 BT 模式能缓解当地政府财政性资金的暂时短缺，因为政府项目资金一般需求量大、回收期长，使得必须由财政性资金建设的项目必然出现财政资金供应的缺口，而 BT 模式的分期回购正是弥补以上缺口的有效方式；三是政府强大的公信力，为投资者、工程承包方、金融机构等提供了稳定可靠的收益预期；四是 BT 模式可以合理分散风险，引入社会资本，可多方共同承担风险，获取收益。

8. 用好股权，让企业自动运转

在传统的商业模式中，很多企业习惯用好的福利、高薪资来留住企业人才，但是现如今，对于大部分企业来说，其运营现状又提供不了太高的薪资和好的福利条件来留住人才，在这种情况下，股权就逐渐成为一种非常有效的工具，可以平衡员工收益与企业的成本，让企业自动运转起来。

华为公司激励员工的方式非常值得借鉴，这种方法很独特，且效果很好，其中有一条就是用到了股权。华为公司通过虚拟股增发的形式，获得了大量的资金，也凭借这套分红激励体系一路发展得非常顺利。华为公司每年度发行的股票数额，均由两个实体股东按当年每股净资产购买，然后，控股工会再发行等比例虚拟股出售给"奋斗者"们。据相关数据统计，2004 年至今，华为公司员工以购买虚拟股的形式通过华为工会增资已超过 260 亿元。

事实证明，华为公司采用股权激励员工的制度非常成功，相比其他的激励方法，可以达到延迟满足感、保证长期收益和凝聚人心的效果，而且通过给予股权时员工的接受程度来判断一个人是否相信、认同正在做的事业，重新调动了员工的工作热情，让企业成功走出瓶颈期，到达了一个新的起点，可谓一举两得。

公司的股权除了可以分配给员工用于激励，还可以更好地凝聚创始人对公司的控制力，甚至还可以作为融资的杠杆。所谓股权融资是指作为企业的股东自愿把自己手中的企业所有权让出一部分，为了达到给企业增加资金的目的引进新的股东，增加总股本，达到融资的目的。

2007年11月6日，阿里巴巴集团的B2B子公司正式在港交所挂牌，总市值超过200亿美元，其4900名员工持有B2B子公司4.435亿股，这种独特的内部财富分配方式最为引人注目。

阿里巴巴上市前注册资本为1000万元人民币，于美国时间9月19日在纽约证券交易所上市后，确定发行价为每股68美元，首日大幅上涨38.07%，收于93.89美元，现股价102.94美元，股本仅为25.13亿美元，市值达到2586.90亿美元，收益率达百倍以上。这意味着阿里巴巴上市之前的原始股仅1元，现在已经变成161422元。阿里巴巴的上市造就了几十位亿万富翁、上千位千万富翁、上万位百万富翁。

相关的市场调研显示，股权激励制度在企业已经被普遍运用，正在成为资本市场的"标配"。原本对股权激励制度持怀疑态度的传统企业家，看到阿里巴巴的成功，也开始逐步在自己的企业实行股权激励机制，因为他们凭借自己的经商经验，已经知道股权是一个很好的工具，不仅可以为企业赋能，还可以通过股权做到融人、融智、融资源，让企业产生源源不断的动力，自动运转起来。同时，还可以体现企业创始人的格局与智慧。

但在融资的过程中，作为企业创始人要注意的是，必须保证在股权融资的过程中把控制权牢牢掌握在自己手中，才能确保企业向着正确的方向发展。否则，控制权一旦变更，那么所有的努力都将归零。

9. 顶层设计决定企业能走多远

有些企业认为，只要自己的产品能够卖出去就是硬道理，至于商业模式和顶层设计之类的东西都是玩虚的。事实上，把产品卖出去没有错，关键是产品要想卖出去，需要有精准的定位、明确的目标群体、清晰的生产和营销思路、合适的价格、过硬的质量。如果做不到这一切，那么产品是不可能卖出去的。所以，任何没有顶层设计的企业都走不远。这其中主要有以下5个方面的原因。

（1）企业文化是灵魂

对于一个企业来说，企业文化是灵魂。如果一个企业没有自己的文化，是没有人愿意跟着这样一个没有愿景、没有文化、没有信念的公司去打拼的。因为企业文化不是口号，而是决定着企业要做什么、目标是什么、如何实现、实现后大家会得到什么等。所以，企业文化是一个企业的原动力，决定着企业方方面面的工作。比如战略、产品、服务等，这些都需要顶层设计进行策划和确定。

（2）薪资机制是根本

"人才"对于企业来说是最核心的竞争力，但是如果没有足够吸引人的股权、薪资机制，那么也只是留住了人，却留不住心。所以，如果企业想要长久留人，可以采用的方法有股权分配、高薪留人、期权留人等。而这些需要结合企业的实际情况进行顶层设计，才能更加科学和合理，才能为企业的发展助力。

（3）产品定位是关键

产品始终是企业的根本，而企业要想取得长足的发展，就需要有清晰的产品定位。如果产品定位不清晰，目标客户就无法精准，渠道思路也不会清晰，员工、业务团队的工作就找不到方向，营销方式也不会产生作用，进而也不能够营造出差异化的市场竞争格局。所以要对产品的定位进行顶层设计，设计范围包括品质和资源优势、广告语和品名、功能和理念、包装等方面。值得注意的是，产品定位方面的顶层设计做得越全面，产品就越具有生命力。

（4）客户分析是基础

产品定位明确之后，需要对目标客户进行精准的定位，因为针对目标客户进行的分析结果，决定着后面的一系列操作和流程工作如何进行，包括产品的营销思路、渠道模式、业务流程、促销和价格体系等。

由此可见，有了明确的客户分析，就可以确定通过什么样的销售渠道才能够触达消费者。如果目标客户定位不准确，必然会导致销售浪费资源，投入不明确，渠道不畅通。目标客户的定位是企业顶层设计中的基础工作，只有找准目标客户，根据产品的性能与目标客户，才能精准地进行渠道设计。例如，我们要制造和销售一款健康饮料，目标客户覆盖范围非常广，可以面对全国各地、各式各样的群体。但因为这些消费群体经常活动的环境有所区别，就要针对可以触达他们的渠道进行设计，比如商超渠道、零食渠道、网络渠道等，进行全方位、多维度的渠道设计，只有这样的设计，才能真正做到触达目标客户。

（5）产品定价是核心

定价可以决定一个企业的生死，这个说法一点也不为过。对于中小型企业来说，大部分都没有完整的定价体系，最终把企业拖垮。

某个生产快消日用品的企业，生产出的商品成本是5元，出厂价格是5.8元，赚了8毛钱，看起来似乎赚钱了，但这种没有经过顶层设计的定价方式过于简单。企业赚来的8毛钱，可以用来做什么呢？如果用来做促销的话，能不能保证促销的力度？如果促销的力度不够大，那就起不到促销的作用。企业需不需要招人，招人的话，人工成本是多少？还有营销和广告，企业也需要做，这些成本费用是多少？等等。经过分析我们发现，这8毛钱的盈利根本支撑不了这些工作的开展，那么这就会导致恶性循环。而这一切的根源都来自产品定价没有经过顶层设计，从而导致赔本的现象出现。

而对产品定位进行顶层设计，需要考虑综合生产成本，比如管理成本、利润、物流成本、营销成本等多方面综合定价。同时还要针对不同的产品，综合市场的实际情况进行合理的定价，可以采用的定价方法包括撇脂定价、成本定价、成本加成定价、心理定价、尾数定价等多种方法。由此可见，产品价格的设计关乎整个企业的利润分配的合理性，是企业发展至关重要的环节之一。

智慧锦囊

基于对用户需求的把握，对目标市场的理解，对竞争格局的认知，想要用科学系统的方法对企业未来发展做出系统性规划，需要把经营目标、产品或服务的定位、实现目标的要素和风险都罗列出来，这样才可以把商业模式顶层设计高瞻远瞩的作用发挥得淋漓尽致。

第四章
深度透视：
洞悉商业模式的结构原理

　　一个好的商业模式，必然是一个符合商业逻辑且能够持续盈利的运行系统。而这种逻辑与系统即商业模式的结构，涉及企业战略定位、业务系统、关键资源能力、盈利模式、现金流结构、企业价值，它们相互作用、相互影响，进而实现商业成功。

1. 商业模式的九大板块

现如今有很多企业的管理者都认为，相比产品和服务，商业模式确实更为重要。虽然现如今各种各样的商业模式五花八门，让人眼花缭乱，但不可否认的是，好的商业模式仍然是任何竞争对手都无法复制和模仿的。因此要想打造自己独有的商业模式，就必须要了解商业模式的九大板块，这是构建商业模式的基础。

（1）客户细分板块

客户细分板块是指企业的产品或者服务希望触达和服务到的群体。不同的客户细分适用不同的行业，比如消费类的电子行业、日用快消品行业，面对的是大众化的市场，没有什么客户细分的区别；而在汽车零部件行业，就需要迎合特定的客户细分群体，因为车型细分很明确，很多零部件没有通用性；银行的信贷业务则会针对不同的客户，制订不同的信贷方案，进一步迎合和满足不同客户的信贷需求。亚马逊的云计算服务，可服务于多个具有不同需求的细分群体。

（2）价值主张板块

价值主张是指可用来为特定细分客户创造价值的系列产品和服务，代表着客户的真实需求。一般情况下，罗列全部优点、宣传有利性、突出共鸣点是企业制定价值主张时会常用的方法。

（3）渠道通路板块

渠道通路板块是指公司的产品和服务是如何接触细分客户，并传递价值主张的，是客户接触点，在客户体验中扮演着重要角色。主要包括提升公司的产品和服务在客户心中的认知、帮助客户对产品和服务的价值主张进行评估、协助客户购买、传递给客户价值主张、提供相关的售后支持。

（4）客户关系板块

客户关系板块是指企业与特定客户细分群体建立的关系类型。比如某个企业的销售部门业绩不佳，后来在咨询顾问的帮助下，才明白问题出在没有和自己的客户搞好关系。他们虽然在与客户沟通的时候举止得体，但是除了与客户讨论订单的事情之外，不会和客户再进行其他任何形式的沟通，比如打电话，或发邮件等，而客户关系的维护却不是这么简单，里面可是大有学问，需要企业和销售人员找到窍门，下些功夫。由此可见，一个好的商业模式，需要建立互动良好的客户关系。

（5）收入来源板块

收入来源板块是指公司从每个客户群体中获取的现金收入，这关系到企业通过什么方式来获取利润。企业的收入来源有经营性收入、投资性收入、资产性收入、产品或服务的计费使用收入、广告收费、会员制收费营收、中介收费等形式，此外还有使用收费、订阅收费、授权收费、经纪收费、租赁收费等收入来源。

(6)核心资源板块

核心资源是指保证企业的商业模式有效运转所必需的重要因素。每个商业模式都需要核心资源，它包括实物资源、知识性资源、人力资源、金融资源等。

(7)关键业务板块

关键业务是指用来确保其商业模式可行的业务内容，是企业必须做的最重要的事情。这些是企业能够创造和提供价值主张、接触市场、与客户细分群体建立关系并赚取收入的保障和前提。

(8)关键合作板块

关键合作是指让商业模式有效运作所需的供应商与合作伙伴的网络。一般情况下，商业模式的优化和规模经济的应用、风险不确定性的降低、特定资源和业务的获取都是开展和创建关键合作的动机。

(9)成本结构板块

成本结构是指运营一种商业模式所引发的所有成本。一般情况下，成本最小化、价值最大化是我们每个企业的最终目的。其中固定成本、变动成本、规模经济和范围经济，是商业模式需要考虑的4个重要的成本来源。

2. 商业模式的四个象限

管理学大师彼得·德鲁克曾经说过:"当今企业之间的竞争,不是产品之间的竞争,而是商业模式之间的竞争。"正因为如此,很多新兴的企业为了获得长期的利益,把商业模式当作企业运营的重中之重。但是企业在不断吸收商业模式理论精髓,研究创新模式的同时,一定要紧紧围绕商业模式的4个象限进行,这样的商业模式才能具备成功的基础,以此获得企业的发展壮大。

象限一:客户

任何商业模式,客户都是核心和关键,这是企业的重要资产,也是企业销售体系的重要组成部分,更是企业制定商业模式的四个象限之一。如何去触达客户、维护客户、经营客户,是销售体系要研究的重中之重。只有让客户持续给企业带来订单和利润,才能让企业实现最大化的增值。所以,客户的力量是不可忽视的。企业必须时时刻刻站在客户的角度去想、去做、去体会,重视客户的问题和意见,及时进行解决,才能深入挖掘客户价值,这样企业才能找到全新的发展机会。例如,卖净水器的企业,要让客户明白这是为客户的健康而生产的;卖保健品的企业,要让客户知道保健品不是药,而是为了他和家人的健康才生产的。所以,如果只看企业的产品和服务，就无法塑造出产品价值，产品的价值需要通过对客户需求进行全面了解，然后才可以制定有针对性的商业模式。

象限二：渠道

对于互联网时代的企业来说，渠道是企业运行商业模式能否成功的关键的一步。互联网颠覆了传统的商业模式，销售渠道从线下的单一销售，变为现在的线上销售，或者线上线下相结合，而这样的变化，也影响着消费者的消费决策和企业的销售额。

相关数据显示，2018年"双11"截至11月12日0时，天猫最终成交额2135亿元，首次突破2000亿元大关；2019年"双11"天猫成交总额达2684亿元；2020年11月1日0时至11月11日0时30分，天猫"双11"实时成交额突破3723亿元。由此可见，销售渠道在不停地发生着变化，且能量惊人。所以，当下营销环境已经发生了深刻变化，企业如果想在激烈的竞争中站稳脚跟，就要针对具体的营销环境变化，在商业模式中制定出全新的渠道模式，只有这样才能以强大的竞争优势占领市场。

象限三：产品

产品创新是商业模式制胜的首要因素。现如今，消费者的选择越来越多，企业只有把产品做到最好，消费者才会买单。而企业对产品的不同态度、理念都会产生不同的商业模式。企业要制定可行的商业模式，在产品这个象限，必须要考虑的是注重产品创新，还是使某类产品保持长久不变；是多元化，还是单一化经营等，这样才能做到精准满足需求，让消费者发自内心地喜欢，从而创造出企业最大化的利润价值。未来的企业价值主流，不是品牌，也不是技术，必定是产品的创新，只有作好产品的创新才能紧紧抓住用户，不至于被互联网时代淘汰。

象限四：管理

企业管理也是企业在商业模式中制胜的要素之一。特别是随着互联网技术的不断发展与进步，衍生出很多以科技发展为依托的企业管理模式，而这些对企业的日常管理、企业文化、信念目标等都带来了一定的影响，且新的企业管理模式与传统的企业管理模式存在很大的区别，需要企业及时作出调整。传统的企业管理模式有一些也很成功，但是却大多是闭门造车，跟不上时代发展的节奏，企业想要健康持续地发展，必须持续创新管理模式，这样才能打造出更有竞争力的商业模式，才能有效地推动企业发展。

3. 商业模式的纬度

很多长期从事商业模式研究的学者都认为，成功的商业模式一般都具有3个纬度，下面我们逐一进行解析。

第一个纬度：为客户提供价值

任何生意都有自己的商业模式，包括街头的小便利店也不例外。但是不管什么形式的商业模式，都面临着一个问题，就是客户为什么会选择你的产品和服务？"因为能够提供与竞争对手不同的产品与服务"，虽然这个答案没有问题，但是在技术发展日新月异的时代背景下，产品与服务的同质化现象已经越来越严重，想做到这一点显然已经不那么容易了。例如，索尼的随身听被苹果公司生产的 iPod 取代，而 iPod 又被 MP3 取代。所以，谁也不能确保市场上不会出现比自己价格更低、功能更好的新产品。因此，如果想在市场竞争中站稳脚跟，必须提供同类产品无法复制和模仿的价值，让客户离不开你的产品，对你的产品形成依赖性。

第二个纬度：商业模式的创新

瑞典有一家产品包装公司，为食品饮料公司提供生产和包装设备，这就是它的主营业务。但是，这家包装公司通过独特的商业模式，在饮料食品行业扮演起了"链主"的角色，它们能够敏感捕捉客户的需求，提出独特的客户价值主张。例如，这家包装公司进驻中国市场时，乳业还是一个新兴的市场，很多初创企业需要资金和设备，于是这家包装公司把自己的身份转换成了"银行"，当乳品初创企业购买它们的包装设备时，不需要付全款，而是只付 20% 即可，其余的 80% 变相借用给客户，而客户则需要支付利息，就是必须向这家公司购买包装材料的承诺。除了资金，乳品企业还希望得到好的生产工艺、技术指导和市场营销知识，这家包装公司又开始充当培训和咨询公司的角色。通过这种稳定的商业模式，这家包装公司与客户之间形成了一种隐秘而牢固的锁定关系，同行的竞争对手根本无法插手其中，而这种与众不同的客户价值，就是商业模式的核心竞争力所在。

第三个纬度：挖掘客户价值

拥有了独特的客户价值主张，还要有去谋求实现这种价值主张的资源和能力。很多人都知道，美国电影院线的主要盈利来源不是电影票，而是零食，比如冰激凌、爆米花之类的食品，因为人们来看电影的同时，也想最大限度地放松自己的身心，于是有的观众就喜欢带着零食来看电影。发现顾客这种需求之后，电影院就开始提供零食售卖，因为这样在电影院中销售零食，触达客户的成本几乎为零，而且这种渠道、服务和产品，其竞争对手不可能参与，具有排他性。用户不可能电影看到一半儿再出去吃饭、买零食。即便从外边买了带进来，冰激凌也就化了，爆米花也不脆了，影响口感。所以，如果电影院可以提供这些食品，那么就拥有了一个独立的、封闭的销售渠道，而这种排他性的价值在于，这些产品电影院可以自行定价，从而可以实现非常可观的利润。

普通的企业往往只看到一些表面的需求，把企业所有的精力都用来满足这种比较肤浅的需求，导致客户没有很高的忠诚度，因为很容易就会有竞争对手的出现。但是卓越的企业，却可能挖掘出客户的价值，并组织资源和能力让其更加明确清晰起来。

4. 基于战略蓝图的商业模式

为了在激烈的市场竞争中赢得主动，很多企业的战略定位在不断变化中，商业模式也随之发生变化，而企业的竞争优势、利润来源等都是依托于战略蓝图下的商业模式。所以，分析基于战略蓝图的商业模式有着非常重要的作用。我们以全球白色家电龙头企业——海尔集团为例，了解其在不同战略阶段商业模式的变革中，如何发现企业利润的增长点。

随着消费者需求的不断提高，制造业已经从传统的家电制造业转变为以消费者为中心的服务业，而海尔集团为了更好地适应市场的变化，从1984年创业至今，已经经历了5个战略发展阶段，即名牌战略阶段、多元化战略阶段、国际化战略阶段、全球化战略阶段以及网络化战略阶段，也由此带来了商业模式的3次变革。

第一次商业模式变革：多元化发展

在名牌战略和多元化战略蓝图的引领下，海尔集团立志将目标由"创冰箱第一品牌"转变为"创家电第一品牌"。这个战略宏图的改变也带来了价值主张、关键业务这两个要素的显著变化。于是海尔集团的商业模式第一次变革从OEC模式转变为SBU模式，即抛弃了传统的职能管理方式，变为流程管理。因为没有了分工的约束，所以每一个员工都是企业的经营者，充分发挥了员工的主人翁精神，全面调动了员工的积极性，激发出企业的活力，从而让企业实现不断地盈利。

第二次商业模式变革：扩张海外市场

中国加入世界贸易组织之后，加快了世界经济全球化的进程，海尔集团响应中央号召，将战略宏图调整为出口创牌，打造国际化的品牌。于是，海尔集团在新的战略宏图引领下，实施了第二次商业模式的变革，在海外建立了设计、制造、营销"三位一体"的本土化模式，通过不断并购企业，建立强大的分销渠道。2001年，海尔集团完成了首次跨国并购——并购意大利迈尼盖蒂；2002年与三洋海尔株式会社、台湾声宝集团建立竞合关系。从 1999 年开始，美国海尔、中东海尔、欧洲海尔的先后揭牌标志着海尔集团全球销售渠道网络的建立。截至 2005 年，海尔在全球建立了 15 个海外工业园。相关数据报告显示，并购之后的海尔主营业务较同期增长 30.89%，由此说明，企业战略宏图与商业模式之间是可以做到相互促进的。

第三次商业模式变革：互联网

随着互联网时代的到来，海尔建立了以用户为中心的"即需即供"模式，即实行"人单合一"双赢的商业模式，更好地满足用户的需求。同时在全球经济一体化的时代背景下，整合全球的研发、制造、营销资源，加快全球化品牌创建步伐。本次变革的关键契机在于互联网的飞速发展，变革之处为关键业务、销售渠道、客户关系和客户细分。

综上所述，海尔集团的战略宏图从最初的"名牌战略"发展到现在的"网络化战略"，商业模式也随之经历了从 OEC 管理模式到"人单合一"双赢模式的转型，其创新和演变的过程告诉我们：改变战略选择的代价虽然非常高昂，但企业仍然可以通过对商业模式的调整，更好地在市场竞争中运作，持续创造和获取价值。

5. 基于容器效应的商业模式

从20世纪90年代起，随着计算机互联网技术的日新月异和飞速发展，其在商业领域的广泛应用，也引发了商业模式的又一轮创新热潮。因为成熟稳定的模式对于一个企业来说至关重要，甚至决定着企业的生死存亡，在技术环境发生变化的情况下，随之而来的对企业运营的商业模式的各种影响也在发生，考验着企业的生存发展和适应变化的能力。一种好的商业模式会对企业的发展产生巨大的促进作用，帮助企业迅速取得成功，而一种不成功的商业模式则会产生大量的内耗，阻碍企业的发展节奏和步伐，最终拖垮企业。而有些商业模式虽然在创建前期曾给企业带来巨大的成功与辉煌，但是随着时间的推移和市场的变化，曾经的商业模式已经被淘汰，不适宜企业长期发展，也会导致企业最终失败。

由此可见，创新始终是商业模式的灵魂，而一个成功创新的商业模式必然是定位板块、利益板块、收入板块以及资源板块这4个功能板块依次交集，共同作用，最终共同决定价值的过程。这4个板块形成了一个"容器"，适时寻找每个板块背后存在的不足，对其进行改进完善的过程就是对商业模式的有效创新。

第一，定位板块。定位板块可以确定企业具体业务面向的精准客户群体，是围绕客户的价值主张而构建的，可以确定产品或服务能够提供什么样的实际价值。

第二，利益板块。利益板块，顾名思义就是基于顾客价值的实现，进而引导构建的，是能够提供真正解决问题、满足顾客需求的方案。

第三，收入板块。收入板块涉及企业用于业务和盈利收益方面的内容。比如什么项目可以收费，如何收费，定价多少，是否合理，用什么方式支付，哪些项目可以免费，哪些项目可以打折等。

第四，资源板块。资源板块控制着企业的资源需求，比如在一些业务扩张和复制的过程中，离不开资源的支持。获取这些所需资源的方式多种多样，可以通过对外加强合作，增加资源获取的渠道来实现，也可以通过利用技术和重要流程的优化来实现。

上述4个板块中，收入板块和资源板块二者相互作用，共同决定企业可以获取的价值；定位板块和利益板块二者相互作用，共同决定为顾客创造的最大利益。这4个板块合围起来，可以形成一定的空间，这个空间的容积大小则决定着顾客利益与企业价值可以共赢的部分。对企业来讲，这个空间的大小，将决定其企业业绩有多大的空间可开拓，这就是容器效应。容器效应越明显，投资者就越会对商业模式产生认同，企业就越容易获得更多的生存与发展的机遇。而商业模式的创新方法很多，可以直接引进全新的商业模式，也可以对原有的商业模式进行改进，但前提是这两种方式都是围绕着商业模式的4个板块开展的。值得注意的是，创新后的商业模式仍然具有商业模式的容器结构。

基于容器效应的商业模式极大地增强了"产业"定义的模糊性,这种特性可以极大地增强企业在市场竞争中的实力,提升企业利益相关者价值活动的规模和重复开展的可能性,从而更好地支持企业持续创新。

6. 基于规则的商业模式

新经济时代,最具有代表性的特征就是不确定性,这是因为互联网技术的不断发展与广泛应用,以及市场全球化不断推出和制造新的机会和新的市场,这些都在不断打破原有的秩序和规则。在这种发展环境下,决定企业成败的关键在于其发展的速度是否能抢得先机,在于其能否准确及时地把握每一轮机遇、争取每一次市场机会,从而获得生存的主动权。反之,如果想抢得先机,那么就离不开资本的力量,但在充满不确定性的市场环境下,资本的介入需要建立在业务发展的可预见性的前提下。而这种可预见性,是基于一些规则能够进行判断和评价的。评价可预见性,主要就是建立在对商业模式进行精准考察的基础上。这就是为什么商业模式能够在新经济时代获得高度关注的一个基本原因。

作为引发商业环境不确定性的主要因素,互联网技术的发展以及全球化也为商业模式改进、创新提供了源源不断的机遇,主要表现在以下两个方面:一方面是通过创造新规则促进商业模式创新。互联网技术的发展,会强化和创造一些全新的行为规则，比如随着互联网的广泛应用，人们会希望能够在互联网上发声、寻求更加广泛和紧密的联系等。这些愿望通过发帖子，采用即时通信软件等来实现，并渐渐形成一种习惯，而新的习惯又会继续为形形色色的商业模式创新提供机遇。这些行业规则在互联网基础设备和经济全球化的共同作用下，具有更加显著的规则制造效果。比如通过某个平台，可以实现资源共享，还可以打破原有的规则，重新制定合作规则，而且业务范围可以拓展到全球，不断壮大全新的商业生态体系的发展，这也意味着大量新的商业模式即将诞生。另一方面，可以通过降低利用现有规则的成本来促进商业模式创新。互联网技术的普及应用，促成了企业间的合作规则可以用最低的成本和最新的方式来实现，由此可以解放传统企业，进行前所未有的专业化运营，有效地提升组织效率。

因为商业模式能够对所有的利益相关者产生强化、诱导的作用，所以其对业务的发展具有可预见性。行为是受其背后的规则影响的，而规则是指行动的惯例或准则。所以，规则作用力越强，行为的重复性、可预见性就越显著。由此可见，任何商业模式都是一个特定的规则体系。正是因为有了这些规则的存在，企业价值和顾客价值的创造才能得到技术的支持，并实现价值的重复获得。其中，企业价值的重复获得，就意味着具有一定规模的利润空间，这个空间的大小将决定着人们对业绩的可预见性。而判断这些利润空间和可预见性，对于企业的发展具有至关重要的决定作用。

除了对经营预见性进行判断之外，基于规则的商业模式还可以借助规则的一般属性和特殊属性，来对商业模式生命周期阶段、稳定性、对战略制定的影响、功能发挥条件等重要而隐蔽的属性进行严谨的分析与揭示。

与此同时，这也有利于指导商业模式的精确评价和系统设计，将商业模式的基本构建落脚为规则，使商业模式的基本内容具体化，从而实现相应的设计流程、评价方法等方面的可操作化，并逐步完善。

7. 关于商业模式的测评

每个企业都有自己的商业模式，而且企业与企业之间的模式都不一样。那么，什么样的商业模式才是成功与优秀的呢？商业模式的好坏虽然对企业的经营效果具有决定性的影响，但是任何事物都是在发展变化的，商业模式也不例外。随着企业内在和外在环境的变化发展，一些先进而有效的商业模式也会逐渐老化和过时，这是一个非常客观的规律。而且，在推出一个全新的商业模式之前，要明白一点：它能不能成功，是需要通过市场来进行决断的，并不是一推出，就能收到立竿见影的预期效果的，它也有可能遭受挫折，甚至完全失败。为了降低失败的风险，在进入市场之前，企业可以先进行测试，评估这种商业模式的执行潜力和可行性。

测评商业模式和年度体检一样，是企业一项重要的管理活动。通过测评可以及时了解和掌握商业模式的健康程度，并且作出相应的调整。这种测评将成为商业模式不断进步的基础，或者也可能触发一次颠覆性的商业模式创新。回顾一些行业的发展历史，我们可以发现很多由于忽视定期测评而导致企业未能及时识别出商业模式中的问题和风险，最终使得企业直接倒闭的案例。亚马逊在2005年前后对自己的在线零售模式进行总体评估，通过测试的方式发现了自身的很多优势和一些危险的劣势，随后他们在2006年对商业模式进行了整体的创新。下面，我们提供了一份测评清单作为参考，用来评估商业模式的优势和劣势。

（1）价值主张测评

我们的价值主张是否匹配客户的需求？

我们的价值主张是否具备媒体属性，能够形成网络效应？

我们的产品和服务是否能够互相支持，相互协同？

我们的客户现在是否满意呢？

（2）收入来源测评

我们是否有很高的利润？

我们的收入是否可以预期？

我们是否有很多经常性收入，有很多回头客？

我们的收益来源是否多样化？

我们的收益来源是否可持续？

我们在支出成本之前是否就有收入进账？

客户真正想为之付费的是否就是我们所提供的？

我们的定价机制是否能够抓住客户全部的购买意愿？

（3）成本结构测评

我们的成本是否可以预测？

我们的成本结构是否可以正确地匹配我们的商业模式？

我们运营的成本效率是否高效？

我们是否能从规模经济中获益？

（4）核心资源测评

竞争对手是否很难复制我们的核心资源？

对资源的需求是否可以预测？

我们在正确的时间范围内是否部署了合适的资源？

（5）关键业务测评

我们是否有效地执行了关键业务？

我们的关键业务是否很难被复制？

关键业务的执行是否达到了理想的效果？

我们的自有活动和外包活动是否达到了理想的平衡状态？

（6）重要伙伴测评

我们是否很聚焦，而且是否会在必要的时候与伙伴合作？

我们与重要合作伙伴的关系是否很融洽？

（7）细分客户测评

客户流失率是否很低？

客户群体是否被很好的分类？

我们是否在不断地获得新的客户？

（8）渠道通路测评

客户是否能够轻易地接触到我们的渠道？

渠道各个环节的建设是否匹配目标客户的购物习惯？

渠道连接客户的能力是否很强？

渠道是否被高度整合？

渠道是否产生了规模经济？

我们的渠道是否已经产生很好的效果？

（9）客户关系测评

我们处理客户关系的方式是否获得客户群体的认同？

客户的切换成本是否很高？

客户是否和我们形成了绑定关系？

我们的品牌是否很强？

以上测评中，答案如果为"是"，说明该项是你的优势。答案如果为"否"，说明该项是你的劣势。

智慧锦囊

现如今有很多企业的管理者都认为，相比产品和服务，商业模式确实更为重要。虽然现如今各种各样的商业模式五花八门，让人眼花缭乱，但不可否认的是，好的商业模式是任何竞争对手都无法复制和模仿的。

第五章
大胆创建：
学会用商业模式创建工具

不论是一个超级巨无霸企业，还是街边的烧饼摊，都有着各自赖以生存和盈利的商业模式，所以，对于一个企业来说，如何设计出有价值的商业模式，如何通过商业模式的设计让自己具有独特的竞争力，就显得至关重要。巧妙利用有价值的商业模式设计工具，能够帮助企业在这一过程中起到事半功倍的效果。

1. 精益画布：适用于初创型组织

精益画布由商业模式画布改编而来，它的发明者是美国的一位创业者，虽然只有一张纸，但是对于一些初创型组织来说，精益画布既是对商业模式的描绘和提炼，也是一份非常简洁的商业计划书，甚至还可以是指引公司发展方向和路径的战略规划。因为初创型组织大多没有足够的资源，大多存在资金短缺、人才匮乏、业务开拓吃力等问题，生存非常不易，只有好的商业模式才能弥补这些不足，保障初创企业的生存。所以对这类企业而言，利用精益画布梳理出适合自己的商业模式逻辑，在有限的资源前提下，实现企业生存乃至发展的目标是非常合适且有必要的。

精益画布是在商业模式画布的基础上作了调整，以适应初创型组织的实际需求，能够帮助参与者在短时间内快速勾勒出业务构想，而不是花很长时间去制订业务计划。

精益画布可分为9个部分，如果画成九宫格的样子，那么每个格子的大小都不相同，这是由其发明者设计的。

（1）问题（Problem）

问题这部分主要是写企业在与每一个客户合作过程中遇到的一系列需要面对和解决的问题。在这个格子中，参与者需要将这些问题进行筛选，找到1~3个主要的问题，而这些问题将为后继的产品和服务的生产和设计提供非常重要的指导。

（2）客户群（Customer Segments）

在客户群这个格子中，参与者需要对自己的潜在目标客户进行确定和筛选，然后选出2~3个特定的客户群体，贴好标签，并为这些客户群体分别创建一个单独的精益画布。

（3）独特的价值主张(Unique Value Proposition)

在价值主张这个格子中，参与者需要写出企业对自己交付给客户的产品及服务价值所作出的承诺，这是客户选择自己的产品和服务的主要原因。

（4）解决方案(Solution)

通过对与用户相关的数据进行分析与研究，可以设计制订几套产品或服务的解决方案，要求是必须具有一定的可执行性，而且这些方案必须可以精准地满足客户的需求和解决客户遇到的难题。

（5）渠道（Channels）

在渠道这个格子中，参与者需要设想一下，自己从哪些渠道可以成功吸引到客户，这些渠道可以是博客等社交媒体，也可以是广告、电话、展会和会议等。

（6）收入来源 (Revenue Streams)

在收入来源这个格子中，参与者需要确定企业的整个产品或服务体系的收入来源。也就是企业靠什么来赚得利润？这个设计对于企业的整个产品和服务设计起着非常重要的影响。

（7）成本结构 (Cost Structure)

在成本结构这个格子中，参与者需要列出企业的产品或服务推向市场需要的所有运营成本。例如，建立一个网站需要花费多少钱？购买原材料需要多少钱？雇用员工需要多少钱？进行广告营销需要多少钱？等等。只有明确产品或服务的成本来源后，企业才可以使用这些成本和潜在的收入流来计算收支平衡点。

（8）关键指标 (Key Metrics)

在关键指标这个格子中，参与者需要定义监控产品或服务成效的具体衡量指标，要尽可能让这些数据量化。因为每个企业，无论是处于哪个行业或具有怎样的规模，它都必须具有一些可以用于监控绩效的关键指标。

（9）不公平优势 (Unfair Advantage)

在不公平优势这个格子中，参与者需要思考企业的产品或服务与市场上其他企业推出的产品及服务有何不同，自己的产品或服务有着怎样的优势和特点，有何可以让竞争对手望尘莫及的"护城河"。而这种不公平优势来自公司的内部信息，比如客户资源、技术成本等方面。

2. 商业模式画布：适用于成长型组织

从实体店，到 B2B、B2C，再到现在的 O2O，商业模式是变化多样的，因此企业可以有很多种选择。这些各式各样的商业模式必然会导致不一样的运营结果，而这些不同的商业模式与其运营结果有何内在联系？是否有独特的规律？这些问题的答案也是大家都想了解清楚的。尽管商业模式的各个因素表面上看起来有无数种排列组合，但是却从来没有人能够把所有的情况都列出来从而进行系统的统计和分析，以求找到其中的规律或是联系，但"商业模式画布"的诞生轻松解决了这个问题。

在我国，商业模式画布虽然是近几年才被广泛运用的，但已经被投资人、企业高管认可和广泛运用。对于成长型组织来说，商业模式画布是策划项目的必备工具。

现如今，依靠生产规模来驱动经济发展的时代已经过去了，主张粗放经营的企业已经没有了出路，经济趋势已经发生了翻天覆地的变化。对于那些正处于成长阶段的成长型组织来说，必须从顶层设计的高度规划出系统化的解决方案，彻底摆脱传统思维的束缚，避免各种决策发展的不确定性，进而从源头上化解积弊，以取得营销战略模式与结果的突破。而商业模式画布就是可以帮助这些成长型组织催生创意、降低预测、精准锁定目标用户、合理解决问题的工具,它可以将商业模式中的元素标准化,并突出表现元素间的相互作用效果。

商业模式画布图由9个模块组成,每一个模块都代表着成千上万种的可能性和替代方案,而成长型组织要做的,只是从其中找到最适合自己的那一个。

第一个模块:客户细分。企业在这个模块中需要确定自己的产品和服务想要触达哪些人员或组织,以及自己可以提供给他们什么与众不同的产品或服务。

第二个模块:价值定位。企业在这个模块中需要确定自己的产品或服务可以向客户创造什么样的价值、传递什么样的理念、帮助客户解决哪一类难题、满足哪些客户需求、为谁创造价值、谁才是企业不可忽略的重要客户等一系列问题。

第三个模块:用户获取渠道。这里的用户获取渠道,是指企业的产品或服务的营销路径。企业需要在这个模块中确定如何接触其细分客户,并且向客户传递其价值主张,要了解如何接触到他们、哪个渠道比较有效、渠道如何整合等问题的解决方案。

第四个模块:客户关系。企业在这个模块中需要确定自己要与目标用户建立怎样的关系,以及确定关系的类型。企业还要了解哪些关系已经建立了、如何维持这种关系、关系成本高低、如何把这些客户关系与商业模式的其他模块进行有效整合等。

第五个模块:收益流。企业在这个模块中需要确定如何从每个客户群体中获取现金收入，研究一下产品或服务需要提供什么样的价值才能让客户愿意付费，细分客户现在付费买的是什么，客户如何支付费用，客户更愿意采用什么方法支付等。

第六个模块：核心资源。它主要是指资金、人才，是商业模式有效运转所必需的最重要的因素。企业在这个模块中需要确定实现企业的价值主张需要什么样的核心资源，构建渠道通路需要什么样的核心资源，维持客户关系需要什么样的核心资源等。

第七个模块：催生价值的核心活动。企业在这个模块中需要明确为了保障商业模式的运行，企业必须做的最重要的事情是什么，渠道通路需要哪些关键业务，价值主张需要哪些关键业务，维持客户关系和收入来源又需要哪些关键业务等。

第八个模块：重要合伙人。保障商业模式有效运作的前提是构建供应商与合作伙伴的网络。企业在这个模块中需要确定谁是重要伙伴、谁是重要供应商、可以从伙伴那里获取什么核心资源、合作伙伴都执行哪些关键业务等。

第九个模块：成本架构。企业在这个模块中需要确定运营一个商业模式所引发的所有成本。比如什么是企业商业模式中最重要的固有成本、哪些核心资源花费最多、哪些关键业务花费最多等。

3. 如何打造自己的商业模式

对于企业来说，商业模式的打造通常有3种方法：一是直接借鉴国内外已经成功的商业模式。二是在借鉴国外成功商业模式的基础上，根据中国国情和行业特征加以改进和创新。三是根据市场调研的结果及寻找到的产品资源，用全新的思维打造一套自己的商业模式，颠覆行业多年来形成的游戏规则。那么，在这个模式制胜的时代，企业该如何打造自己的商业模式呢？重点要做好以下3点。

（1）要考虑到趋势的变化

企业在打造自己的商业模式的过程中，要充分考虑趋势的变化，因为商机往往都存在于潜在的市场环境变化之中。比如，当越来越多的企业从专业化的高端模式转向大规模生产的低端模式时，你可以从这个趋势中发现全新的商机，可以反其道而行之，可以通过提高依附在产品上的服务价值，利用全新的商业模式对这个服务价值进行包装，从而找到在市场中的立足之地，避免同质化的竞争。再比如，20世纪90年代初美国企业经历了有史以来最大的亏损，但IBM的郭士纳却发现，IBM公司在信息技术、软硬件方面积累的大量知识资产尚未得到充分开发，于是，他把IBM定位为信息技术解决方案供应商，从而成功为 IBM 公司找到了一片商机的蓝海。

（2）要把客户价值最大化

企业想要打造自己的商业模式，就要把关注点放在产品的质量、产品能够在客户的工作和生活中发挥什么作用、是什么让顾客决定购买自己的产品等这些环节，最大化地向顾客提供价值。例如，"一分钟诊所"的创始人有一次因为儿子得了小感冒，于是带儿子去看病，但是很简单的病却让他们遭遇了漫长的等候与烦琐的程序。于是这位创始人发现，很多看小毛病的患者更看重医院的速度、方便，他们的病不需要太过烦琐的程序，有时候只需要一句话，普通的医生就可以搞定，即指导患者买药，或者是做一些常规的处理就好。于是，这位创始人就开创了"一分钟诊所"，只诊治几类普通疾病，接待每位患者平均只需 15 分钟，这就是典型的把客户价值最大化。而且在"一分钟诊所"不用排队，收费也比医院或者私人医生更便宜。

（3）要从提供价值中获益

因为商业模式就是为了帮助企业赚到钱，所以，打造能让自己获益的商业模式是企业的底线。比如孟加拉国有一家银行，专门向那些想成为企业家的穷人，甚至是妇女提供小额无抵押贷款。这部分群体都被大银行所忽略和嫌弃，它们认为在这部分群体身上无利可图，但这家银行却依靠独特的商业模式改变了这一切。它们把借款人以亲戚、朋友为关系纽带，组成五人小组，前两名在小组成员集体资产的担保下，可以从银行借款。但只有前两名小组成员按时还款之后，其他的三名成员才可以继续贷款，这样就给不履行还款合同的小组成员形成了强大的社会压力，倘若他们不及时还款，不用银行催款，小组的其他成员就会来催促他们。按照这个商业模式，这家银行最终实现了99%的贷款回收率，不仅为穷人提供了客户价值，自己也从中获得了丰厚的利润。

智慧锦囊

通过稳定的商业模式，可以在企业与客户之间形成一种隐秘而牢固的锁定关系，同行的竞争对手根本无法插手其中，而这种与众不同的客户价值，就是商业模式的核心竞争力所在。

第六章

精细设计：
如何打造出最优商业模式

很多企业都明白一个道理，如果能打造出一个好的商业模式，就意味着已经成功了一半。好的商业模式，都有独属于自己的要素、原则、核心、维度、方法，只有这样的商业模式才能让企业在竞争中脱颖而出，才能让所有参与者从中获益。

1. 商业模式的八大衡量要素

商业模式当然是有好有坏的，好的商业模式应该具备简单、能够让消费者重复消费、能从多角度挖掘用户价值等特征。一般来讲，衡量商业模式的好坏，可能需要围绕以下 8 个要素进行。

要素一：市场吸引力

对于市场吸引力来说，它是商业模式中最重要的部分，通过梳理商业模式中市场规模有多大、在未来的 3~5 年会不会增长、准入门槛是高还是低、客户有没有忠诚度、是否存在潜在的替代品、整个行业在增长还是在萎缩等问题，可以衡量商业模式的市场吸引力究竟如何。

要素二：价值主张

对于价值主张来说，通过梳理商业模式中价值主张有没有力度、是否具有独特性、产品和服务消费者是否满意、和竞争对手的产品和服务有没有区别、客户是否感觉你的产品和服务性价比很高、与客户及供应商以及员工之间构建关系的能力等问题，可以衡量商业模式的价值主张是否足够独特。

要素三：盈利模式

对于盈利模式来说，它是衡量商业模式是否成功的重要依据，通过梳理商业模式中利润是否受到市场竞争的限制、收入现金流质量、毛利润是否最大程度地得以实现、有没有专有性的收入现金流、收入属于经常性收入还是一次性收入、利润和竞争对手相比高低如何、市场或行业里是否存在多个供应商、市场里是否存在太多竞争者、客户以价格为导向还是以价值为导向等问题，可以衡量商业模式的利润率如何。

要素四：销售模式

对于销售模式来说，通过梳理商业模式中是否创造出了一个可重复利用的销售流程、产品是否容易推广、产品或服务的市场营销效率程度如何、能不能精准预测未来销量、获取消费者的成本与因此得到的收益之间能否成正比等问题，可以衡量商业模式是否能够被有效推广。

要素五：持久的竞争优势

对于持久的竞争优势来说，通过梳理商业模式中在成本方面是否能够保持领先、产品或服务是否有基于差异化的竞争优势、是否拥有经验丰富且能力突出的员工、是否拥有品牌资产、竞争对手的数量是在增加还是减少、顾客转换成本是优势还是劣势、买家的议价能力是提高还是降低等问题，可以衡量商业模式持久力如何。

要素六：创新因素

对于创新因素来说，通过梳理商业模式中创新的速度、创新的能力、如何开展维持或扩大客户群等方面的创新等问题，可以衡量商业模式的创新力表现如何。

要素七：避免隐患

隐患是商业模式在未来可能遇到的麻烦。对于避免隐患来说，通过梳理你的企业是否受政府或政策变化的影响、是否过度依赖潮流时尚或消费者冲动的心理、企业所在地是否属于战略劣势、企业是否容易遭遇诉讼或法律风险、实力强大的竞争对手是否有可能进入你的市场等问题，可以衡量商业模式的安全性。

要素八：能否平稳退出

有些商业模式虽然能够创造出非常高的利润，但企业想退出时就不容易了。为了最大限度地获取商业模式的收益，商业模式的设计应当既能在当下获得高额利润，又能在未来退出时获得盈利，而这一点可以衡量商业模式的灵活性。

2. 最优商业模式的四项设计原则

人们所熟悉的戴尔电脑公司，运行机制采用的是直销的商业模式，这样的模式曾经让其在美国获得了巨大的成功，但是随着市场和环境的变化，这种直销的模式已经不能够适应现如今市场的发展需求，于是戴尔电脑公司改变了商业模式，采用新零售的模式以适应变化。此外还有红极一时的柯达胶卷，其在中国市场曾经是行业内的头部品牌，但是不到十年的时间，就到了破产的地步。由此可见，一种适应趋势的商业模式，在设计时需要采用动态和变化的思维，这样才能经受得住时间和变化的考验，而且在这个过程中，还要遵循以下4个原则，才能打造出最佳的商业模式，使得竞争对手复制不了，从而可以形成护城河，最终实现稳稳地赚钱，规模做到无限大。

第一个原则：模式足够简单

在亚马逊的商业模式中，他们把中间大量的批发零售环节都去掉了，即书籍出版之后直接到读者手中，只需要通过网上书店这一个环节，没有中间商和代理商，因此也就不会产生代理费。他们还对印刷、库存、物流等这些环节不断进行优化，使成本降到最低，给读者真正的实惠。这种商业模式之所以能够取得成功，原因就在于过程特别简单，且容易操作，使管理、运营、盈利可以一贯到底，平台的效率大大提升，这样就可以满足读者"花最少的钱、以最快的速度看到自己想看的书"的需求，把用户体验做到了极致。如果商业模式过于复杂，那么在执行上就会遇到很多麻烦，无形中给企业的发展造成很多阻碍，这样的企业自然不会发展起来。

第二个原则：具备利他思维

相信大家都听过这样一句话：世界上最伟大的商业模式一定是利他的。也就是说，可以不带任何功利心，持续为他人输出价值、分享知识和技能，在这个利他的过程中也不断成就自己。比如腾讯创业初期，QQ刚刚上线，一分钱收入都没有，而当时马化腾的创业初衷，也只不过是帮助人们更高效地沟通，完全没有商业模式。但正是因为有了利他的思维，

QQ才得以存活下来，而腾讯也最终打造出了庞大的商业体系。此外，很多世界上伟大的公司，其商业模式成功的秘诀都离不开利他思维，这种思维使得他们在成就他人的同时，也顺便成就了自己。

第三个原则：能够重复消费

最佳的商业模式都是能够使其客户重复消费的。所谓重复消费，就是多重消费和反复消费。也就是说，如果是产品，那么这个产品是可以反复使用或被利用的，用久了会折旧或淘汰，必须再次购买、维修，或者再次小额购买消费。如果是服务，在进行一次服务后，会带来衍生服务或者相关服务。如果是多次服务，就是会一直持续消费。

世界上最赚钱的商业模式，一定是可以重复消费的，而那些需要企业进行巨额投入来拓展市场，而用户并不能重复消费的商业模式会存在很大的风险。

第四个原则：具备一定门槛

没有门槛或者门槛很低的商业模式，意味着即使你的模式成功了，但是也会出现很多的竞争者，要来与你分一杯羹。所以，最佳的商业模式应该有一定的门槛，这样就不容易被颠覆，不容易被超越，使自己的龙头优势非常明显。同时还可以有效避免同质化竞争，不让别人来轻易地分享你的胜利果实。

3. 客户是商业模式的核心

ITAT 教育工程是 2000 年 5 月 26 日启动的一项面向全国的普及型信息人才培养工程，该工程面向计算机应用、信息系统和信息管理、物流管理、软件工程等相关专业的院校学生，以及有志于从事计算机 IT 行业工作的社会人员等。这个教育工程曾经非常火爆，几年前它被惠盈集团收购，开始启动"供应链组合模式"，进而吸引了投资方美国蓝山资本、摩根士丹利数亿人民币的投资。虽然该教育工程的商业模式设计得堪称完美，但是客户却并不认可，最终还是失败了。究其原因，就是该商业模式在设计时没有把客户放在第一位，不能实现客户价值。商业模式的核心在于客户价值的实现，而不是投资价值。ITAT 的失败就在于太注重商业模式设计本身，而忽略了客户需求。

海底捞的生意之所以火爆，是因为它创造出了客户价值，而且把这个价值做到了最大化。比如客人等餐的时候，海底捞会提供免费水果、免费茶水、免费美甲、免费上网、免费玩牌、免费手机充电、免费电动车充电、免费擦鞋、免费上厕所等免费服务。即便是在海底捞的厕所里，也有很多免费的服务，比如刷牙、补妆等。在海底捞就餐时还会送皮筋、套袖、围裙、手机套、热毛巾。而且海底捞的价格非常公道，食物分量足，并且还能点半份菜，没吃没动的还可以退。海底捞敢于突破常规，为客户创造价值。

在大众点评网上，很多客户把海底捞的服务称为"变态服务"，说在这里可以让他们真正体验到做"上帝"的感受，简直是受宠若惊。为什么海底捞的员工如此热情和迷恋自己的岗位呢？因为海底捞体现了员工价值，进而员工价值又转换为客户价值，客户价值却创造出了奇迹。

据相关统计，海底捞员工的年流动率大约是10%，远低于28.6%的中国餐饮行业员工的平均流动率。当其他企业遭遇"招工难"，甚至出现11家餐饮企业抢一个服务员的局面时，海底捞却根本不受影响，单店服务人员比同业多1/3，实现了稳步扩张。能出现这一现象，其原因是海底捞的员工会特别愿意介绍自己的亲戚和朋友到海底捞工作，所以，海底捞在员工招聘上是比较容易的。

在海底捞，权力不集中在管理者手中，而是分散开来，甚至就连普通员工也有着同类企业难以想象的权力。一个普通的服务员可以决定给不给自己的老顾客送果盘，或者打折，甚至免单，这种权力等同于其他店的大堂经理。但是这种权力是不可以滥用的，每个员工都有一张卡，他们在店里的所有服务行为都需要刷卡，记录在案。一旦发现权力被滥用，信任和放权就不会出现在这个人的身上了。

一种商业模式如果想成功地运营下去，那么就必须像海底捞这样，能够把客户放在核心位置，实现客户价值满足的最大化，这样的企业即便暂时不能实现盈利，最终也会走向盈利。如果商业模式不能很好地满足客户需求，比如 ITAT 教育工程，那么，这样的项目即使盈利，也只是暂时性的。

4. 打造商业模式之资源维度

商业模式的资源维度是指能够对企业内外部资源进行整合和运作，作到物资、知识、人力、金融等方面的协调匹配发展，这样企业才能够创造和提供价值主张，接触市场，与细分客户群体建立关系并赚取收入。任何一个企业都拥有或占有不同的资源，企业的发展离不开从资源维度对商业模式进行科学的设计，将各种资源有效地整合在一起，然后不断地进行优化和调整，使其得到恰到好处的运用，从而实现价值最大化。

在四川省成都机场，下飞机后的旅客会发现，在机场外停了上百部的休闲旅游车。如果你想前往市区，打出租车的话需要 150 元钱，但是如果坐这种休闲旅游车，却是免费的。休闲旅游车只要坐满了乘客就发车，几乎可以带你到市区的任何一个地方。

为什么会有案例中这样的好事呢？这就是四川航空公司商业模式中

从资源维度打造和整合的结果。他们挑选高品质的商务车作为旅客航空服务班车，进而提高在陆地上航空服务的水平。他们从风行汽车订购了150台风行大客车，原价每台14.8万元人民币的休闲旅游大客车，四川航空公司因为是团购，每台只需要9万元人民币就可以购买到。但风行汽车公司有一个条件，即要求四川航空的司机在用这些车载客的途中，能够向乘客介绍旅游车的详细优点和功能。买到这150台大客车之后，四川航空公司又招聘了一些不想开出租车的司机，以一台车17.8万元人民币的价格出售给这些司机。可是问题来了，这些司机为什么要用更贵的价钱买车？因为对他们来说，一般出租车要在路上到处拉人，而四川航空可以提供稳定的客源和路线，而且每载一个乘客，四川航空公司还会付给司机25元人民币。司机招满后，四川航空公司立即进账了1320万元人民币。随后，四川航空公司又推出了只要购买五折票价以上的机票，就可以提供乘客免费市区接驳服务的活动，于是从资源维度打造的一个商业模式就形成了。在这个模式中，所有的人都获得了自己想要的东西。对于乘客而言，省下了150元人民币的车费，不用再打出租车，非常划算。对于风行汽车公司而言，虽然以低价出售了车子，但是却有150个司机帮他们卖车打广告，省下了不少的广告费，也非常划算。对于司机来说，成为四川航空公司的专线司机，可以获得非常稳定的收入来源，不用东奔西跑，也非常划算。对于四川航空公司而言，这150辆休闲旅游车每天在市区和机场之间往返，无形中就是在给自己的公司做广告，也给自己的机票增加了服务附加值，更有含金量。据统计，当四川航空公司这个从资源维度打造的商业模式形成后，平均每天多卖了10000张机票，但是其付出的成本却为零，这就是从资源维度发掘出的惊人效益。

由此可见，从资源维度打造商业模式，可以帮助企业找到更好的创新渠道，通过深化与产业链上下游的协同关系、优化企业内部产业链、重组产业链、强化产业价值链的薄弱环节等途径，有进退、有取舍地进行资源的优化配置，使得各种资源的利用效果达到最优，最终实现不断提高系统协同效率。

5. 打造商业模式之交易维度

商业模式的本质是在交易的各相关方之间搭建一个多方共赢的结构，这就是从交易的维度构建商业模式，目的是使客户利益最大化，从而顺带实现企业的价值。如果一个企业的商业模式的交易结构是为了实现企业利益的最大化，顺便实现客户的价值和利益，那么这种商业模式可以说就是失败了。由此可见，从交易维度打造商业模式有多么重要。

万达地产在大连起家后，又进军长春等地，成功进行多个项目的住宅开发。在开发的过程中，万达创始人王健林觉得，企业如果想要实现更长远的发展，单一住宅地产的模式肯定不行，企业不可能与时代趋势、政府对抗，于是王健林开始向商业地产转型，如此一来，住宅地产变成了顺带的业务。

在这个转型过程中，王健林设计了一个模式，他瞄准中国商业欠发达的现状，通过与沃尔玛等世界500强商业巨头合作，利用廉价的租金引进沃尔玛、欧倍德、时代华纳等主力店，将其他商业空间分割销售，从而实现资金的迅速回笼。

但这个模式只顾及了两方的利益：首先，是万达自己的利益。通过分割商铺高价卖出，万达赚得盆满钵满。其次，对于沃尔玛、欧倍德、时代华纳等商业巨头，万达百依百顺，什么条件都答应，租金也非常优惠。这样做的结果是，因为让利政策过度向大巨头倾斜，中间产生的成本转嫁到分割出去的小商户身上，导致小商铺的售价过高。事实上，大多数人来沃尔玛的目的都是购物，买到自己心仪的商品之后就会离开，遇到位置好的商铺人们才会顺便逛一下，而大多数的商铺光顾的人其实特别少，这导致万达的商场氛围不是很好。最终，这个商业模式失败了。失败的原因在于交易结构的三方利益相关者，只有商业巨头和万达受益，而那些小商户却被忽视和冷落。商业地产与住宅地产最大的区别在于，把商铺卖出去才是生意的开始，而不是结束，如果接下来的持续运营做不好，那么生意就会直接倒闭。所以，第一代万达的商业模式没有从交易的维度打造，才造成了这种扭曲和不平衡。

商业模式可分为两种，一种是狭义上的，另一种是广义上的。狭义的商业模式着眼于管理、产品、组织、盈利、成本控制等方面，指的是企业内部的价值链。广义的商业模式是企业与外部的关系，包括企业与客户、政府、供应商、经销商、其他相关的企业、投资者等之间的关系，也就是企业与外部利益相关者的关系，其中最重要的是与客户的关系。只有内部价值链系统与外部的供应链和产业链协同配合起来,才能形成系统性的交易结构。

大多数企业的商业模式都是广义的商业模式,客户也是广义的,包括消费者以及所有利益相关者。有些企业忽视了这一点,片面地认为商业模式就是盈利模式,于是想方设法地节约成本,挤压供应商和渠道商,企图为企业创造更多的收入来源。而这种交易结构失衡的商业模式,注定会像万达的第一代转型模式一样,不会支撑企业走得长远和长久。

6. 打造商业模式之价值维度

所谓企业价值,是指企业本身的价值,包括企业的资源与能力。资源既包括企业所拥有的有形资产、无形资产,也包括企业具备的其他资源类型,比如人脉资源、客户资源等。能力是指企业成长过程中积累的各种经营能力、管理能力、创新能力等。企业价值不同于利润,利润是企业全部资产的市场价值中所创造价值中的一部分,而企业价值是企业预期自由现金流量以其加权平均资本成本为贴现率折现的现值,它与企业的财务决策密切相关,体现了企业资金的时间价值、风险以及持续发展能力。企业的价值越高,企业给予其利益相关者回报的能力就越高。比如,在全球经济危机爆发之前,中国大量的出口加工型企业,因为海外市场的需求持续增长,这些企业能够以低廉的价格优势快速在海外市场占据一席之地。但是随着全球经济危机的爆发，海外市场的优势一点点丢失之后，这些企业也纷纷倒闭。造成这种现象的主要原因就是企业在实现客户价值的同时，没有把自身的价值创造出来，没有核心的资源和能力。如果经济环境稳定，这样的企业还可以生存，但是如果经济环境出现了变化，那么这些企业就会极度缺乏抗风险的能力，甚至最终走向倒闭的结局。因此，好的商业模式，只有客户价值维度是不够的，还应有企业价值维度作支撑。

某知名珠宝网之所以能够在激烈的市场竞争中一直处于主导地位，在于其价格上的优势无人可比，因为在这个珠宝网上，同样大小的钻石，售价却只是竞争对手的一半。如此低的价格，这个珠宝销售网站是如何做到的呢？事实上，这家珠宝网的创始人为了实现这个价格优势，整合了全球三四十家钻石切割商和遍布企业周边的钻石珠宝镶嵌工厂，客户在线上平台下单之后，珠宝网会将订单发给相关的公司和工厂以最快速度生产，之后再送到相关部门进行鉴定，最后以快递的形式发到客户的手中。在这个过程中，这个珠宝网省去了大量的库存和开店的成本，而且没有中间商赚差价。因为这家珠宝网的创始人明白，价格是电子商务的最大优势，只有解决了物流和信任问题，才能很好地开展电子商务的业务。为此，这个珠宝网创造了"极速供应链"和"BBC模式"，与合作的工厂和公司形成了紧密、快速的合作和反应机制，从下单到拿货，客户只需要3~5天的时间，大大提升了客户的购物体验，也因此提升了客户的价值。与此同时，为了解决信任问题，这家珠宝网还与银行开展了合作，开通了"先行赔付保证金"的业务。也就是说，如果珠宝网没有在规定时间内向客户提供货真价实的钻石产品，那么银行可以从其专用账户中扣除相应的价款，先行赔付给消费者。

这家珠宝网的经营模式虽然表面上看只是围绕客户价值而开展的系列举措，但是，在实现客户价值主张的同时，企业自身价值也得到了提升，其在供应商资源、合作伙伴资源和客户资源等方面都进行了有效的整合，并且提升了自身整合资源的能力及极速供应能力，最终实现了利益最大化。

7. 打造商业模式之场景维度

所谓场景，对于商业模式来说，是在当下与未来的环境下，客户对企业产品或服务的体验、诉求、痛点等信息的具体化，进而突出产品与服务的细节与内容的关键。

在美国有这样一个故事，一位面包店的女老板最近注意到，有一位特别帅气且有艺术家气质的男顾客每天都会到她的面包店来买两个快过保质期的面包，这些面包大多不新鲜，价格只有新鲜面包的一半。女老板感觉这名男顾客似乎生活得穷困潦倒，买不起新鲜的面包，所以才会买快过保质期的面包。时间一长，女老板对这位顾客产生了好感，心生倾慕之情，想对其表达爱意。于是，某一天，女老板不动声色地在顾客的快过保质期的面包里夹了两大片黄油，然后畅想着一个美丽的爱情故事就由此展开了。但事情却并非如此，那位男顾客买走快过保质期的面包后，不久便气冲冲地跑到女老板面前把她痛骂一顿，原来这位男顾客是一位画家，他买快过保质期的面包是为了处理画作上的铅笔印，而女老板的两片黄油把他的画作全毁了，而那是他好几个月的心血。

这个案例告诉我们，女老板之所以被这位男顾客训斥，自己的一番心意白白被浪费掉，是因为她只考虑到这位男顾客每天要买快过保质期的面包，却并不知道他拿这些面包做什么，男顾客是用来当晚餐，还是用来画画，这些使用场景她并不知道。也就是说，她不了解男顾客需要快过保质期的面包的真正原因所在。在这种情况下，随便提升产品质量和服务，有可能不仅不会给顾客带来帮助，反而可能会增添麻烦。

虽然这个案例所强调的道理很多人都觉得很简单，但是犯过这种错误的企业却并不在少数，特别是从一个熟悉的市场环境，迁移到一个相对陌生的市场环境时，更容易忽视这一点。由此可见，从场景的维度去打造商业模式至关重要。

这一点，美国的一些互联网公司在中国市场中的一些遭遇就是很好的例子。一直以来，美国在互联网产业中始终处于领军地位，它们进入中国市场时，就是直接把美国的商业模式完全复制过来，从雅虎到亚马逊，从eBay 到 Google 等都是这种做法。但是这些互联网公司在运营一段时间之后，却并没有迎来预想中的大获全胜，反而屡遭挫折，甚至是有些"水土不服"。比如 eBay 的商业模式是把日常的闲置品放在网上售卖，这对于西方人而言已经是司空见惯的事情，但是对中国人来说却并非如此。在中国人的观念中，除非不得已，不然不会做二手交易。随后淘宝网崛起，其一口价和卖家免费为主的商业模式非常贴合中国人的消费习惯，于是它迅速取代了 eBay，成为国内最大的 C2C 网站，而 eBay 最终不得不退出中国市场。

在企业打造商业模式的过程中，如果从场景模式入手，则需要重新确立客户价值的主张，弄清楚客户为什么会购买自己的产品或服务。只有搞清楚这个原因，才能够判断出客户使用产品或服务背后真实的原因。只有这样，才能更好地为客户创造独特的价值，精准地满足客户的需求。同时，从价值维度打造商业模式，还可以进行创新，对未来的商业环境和趋势进行有效的探索。针对用户所看、所思、所想，以及体验、痛点、需求和期望等信息，创造出适合未来各种使用场景下的商业模式，如此，才能够帮助企业的产品或服务在激烈的市场竞争中时刻保持竞争力。

8. 故事：让商业模式更有聚合力

对于商业模式的设计，有一种方法叫讲故事。故事是人们比较喜欢的接收信息的一种方式，而大多的商业模式理论内容都比较专业，听起来甚至还可能觉得有些枯燥和乏味，因此不太容易被普通人接受。而通过讲故事的形式，把各种关键信息组合到一起且用全新方式呈现出来，更好地表达商业模式的理念和价值，从而引起投资方和消费者的兴趣。

曾经的烟草大王褚时健，出狱后已经74岁了，一般人到了这个年纪已经开始好好休息，享受养老生活了，但他却与妻子承包荒山，开始种橙子，由此开启了自己的第二次人生。而橙子从种树到挂果需要6年的时间，他全然不顾，依然把全部心血都扑在这上面。刚开始下果时，橙子没什么销量，全靠熟人消化。后来，运营团队运用了讲故事的商业模式，打造出"褚橙"这个品牌，最终这个品牌一夜走红。

褚时健74岁高龄的时候还能够重新去创业，加之其跌宕起伏的人生经历，打动着每一个人的心，这个故事真实而有力，且他人不可复制，是独一无二的。这个品牌故事经过《经济观察报》和《新京报》两家媒体的报道之后，引起了社会各界的积极关注，引发大量的转发和评论。与此同时，著名企业家王石也对这个故事进行了转发，再次把褚橙推到了人们面前，2012年褚橙彻底火爆起来。随着这个真实的品牌故事的走红，褚橙也被人们命名为"励志橙"。

在这个品牌故事中，人们可以感知到褚时健认真做事、一心钻研的态度，加上果园的流程管理和果农的辛勤劳作所保证的产品质量，丰富的品牌故事带来的良好品牌印象和产品本身的高品质，两相加成，使褚橙取得了不错的销量。

除了褚橙这个典型案例，运用故事来打造商业模式聚合力的案例还有电视节目《舌尖上的中国》。这个节目虽然只是介绍全国各地的小吃，但在节目的开始，却从来不直接切入小吃，而是要讲很多当地的文化、乡情、情怀，通过对这些小吃进行人文方面的包装，最终打动观众，令观众直接从产品走进节目所传递的从对各地美食和风土人情的关注及解读中所体现的我们中华民族传统文化和民俗中包含的深厚魅力当中。

事实上，商业模式的本质都是故事，这个故事需要说明这个企业是如何运营的。所以，如何讲好商业模式的故事，对企业来说十分重要。故事中要有准确刻画的角色、可信的动机以及洞悉价值，讲清楚如何赚钱，潜在逻辑是什么，价格如何，顾客可以从中得到什么价值等。但是，要通过讲故事的方式让人们对商业模式有更加清晰的理解，将故事讲得更具吸引力，必须要注意，故事的主角，不能只是随随便便的人，而一定是和商业模式、企业息息相关的人，比如创始人、管理人员、员工，或者消费者、客户等。通过这些主角的视角，把企业的关键业务、核心资源、生产流程、渠道通路、客户关系、客户细分等关键信息展示出来，体现出其商业模式的价值主张。

在当前新的经济条件下，故事逐渐成为商业模式不断创新的开始，其构建动机往往都是从一个念头、一个想法开始的，慢慢演变为一个完整而丰富的故事，最终达到影响他人、激励自己的效果。需要注意的是，只有这个商业模式故事本身包含的不同的环节和内在逻辑都具有新颖性、独特性和难以模仿性，这样的商业模式才能够创造价值。所以，企业在设计商业模式时，可以采取讲故事的形式，把企业的发展思路与发展框架都完整缜密地讲述出来，这样的商业模式不仅令人理解起来会非常清晰易懂，其聚合力无疑也会非常强大。

智慧锦囊

商业模式当然是有好有坏的，好的商业模式必然是简单的、能够让顾客重复消费的、能从多角度挖掘用户价值的。

第七章

优化布局：
让商业模式变得无懈可击

滴滴、神州、途家、小猪短租等公司的商业模式到底属不属于共享经济商业模式？打车软件为什么会频频爆发安全隐患，问题的根源出在哪里？打车应用的"鼻祖"Uber为什么会在中国市场受到冷落？电动车品牌蔚来为什么会崛起，并且有望成为中国市场的"特斯拉"？这些企业和品牌的成功与失败，都离不开商业模式的布局。

1. 商业模式是一个生态圈

一个好的商业模式，说到底就是一个商业生态圈，是由与商业模式相关的各个利益者共同建立起来的一个价值实现、价值最大化的系统，力求做到利益"共同化"。没有建立生态圈的企业是一个单独的个体，就像是大自然中的一条单独的河流、一座单独的高山，或者单独的某类植物。而建立生态圈的企业则是一个部落，山依着水，水靠着山，植物与两者也息息相关，共依共存。

腾讯商业模式的生态圈非常强大，其不仅本身就拥有无人匹敌的巨大流量入口，随后更是又提出"无限开放，连接一切"的发展策略，使得几乎任何东西都可以被收纳至其生态圈中，而这样的策略也帮助腾讯把自己的触角伸到了各种行业之中。比如你需要社交，可以下载腾讯的微信、QQ等应用软件，开通账号，就可以随时随地和朋友们开聊；如果你想听歌，可以用账号登录腾讯QQ音乐，畅听海量音乐资源；如果你想看电影，腾讯视频就可以满足你的需求。此外，你还可以用腾讯的账号去交水电费，去点外卖，衣食住行中几乎都可以发现腾讯的身影。特别是腾讯的微信，很多人除了上班、睡觉，每天花时间最多的地方可能就是微信了，可以说目前它已经成为谁也离不开的沟通软件。与此同时，微信的生态圈也给我们的工作和生活带来了很多的便利，它已经不再只是一个单纯的沟通和社交的工具，还是一个开放而丰富的生态圈，在这个生态圈里你可以实现你日常生活中所需要的多项功能，比如支付、购物、买火车票、订酒店、打车、理财等。

除了腾讯，华为、小米、百度、阿里等科技公司、互联网公司，也都有自己的商业生态圈。因为当今商业模式的竞争，已经不仅仅是产品生产到销售这些环节的竞争，而且已经渗透到产业链的方方面面的竞争。做生态圈，成为很多企业成功的关键。整合所有资源打造产业链是很多企业正在做的事情，这样可以让企业的产品或服务更具有竞争力。通过高效整合，不仅减少了不必要的环节，降低了成本，有效提升了性价比，还可以有效避免经济萧条带来的风险。遇到原材料上涨或是产品没有销路的时候，一些没有生态圈的企业会因此而走上绝境，而有自己生态圈的企业则可以依据产业链的优势，与上、中、下游的企业实现优劣互补，最终成功走出困境。

毋庸置疑的是，未来企业商业模式的竞争，将是生态圈的竞争。而企业生态圈系统的建立与否，又与企业核心竞争力的大小息息相关。传统商业模式中的企业，只能通过企业内部的努力生发核心竞争力。而上升到生态圈的企业，其核心竞争力延伸到了企业的上、中、下游，能够实现共生、交互、共创、共享，由单打独斗变成了抱团打天下，自然要比传统商业模式中的企业更具有竞争力。

值得注意的是，企业的生态圈并不是一开始就建成的，需要时间和资本的力量，才能逐渐完善。据相关统计，2017年，阿里投资了45家公司，都是围绕其"五新"战略展开的，在这些公司当中，新零售、人工智能和企服领域的企业占了大部分的投资。而与此同时，另一大互联网企业腾讯，则在文娱、内容、AI、企业服务、汽车交通、游戏、金融等领域进行涉猎。而这些举措都是为了加快其自身商业生态圈构建的步伐。

2. 鸟瞰你的整个生态圈

对任何一个商业生态圈进行全面审视之后我们会发现，好的商业模式的构建一定具备了共生、互生和众生3个层次，在生态圈成员不断投入的过程中，也会收获共同创造的价值，进而推动生态圈不断向良性、健康的方向发展，从而适应不同的市场竞争环境。

第一个层次：共生

共生这个层次比较好理解，就是生态圈的成员通过持续发挥自己的优势，与其他成员一起努力，共同创造价值，最终实现全体成员自身价值的最大化。

索尼电子阅读器构建的商业生态圈，成员包括飞利浦、E-ink等在内的生产商、渠道商，还有网络服务商。这个生态圈是按照产品产业链的上、中、下游打造的，他们分工明确，各自负责的工作内容有很大区别，每个人都有自己擅长和不擅长解决的问题，形成互补，最终实现1+1>2的效果，极大地提高了经营效率，既能够很好地规避风险，又可避免经营漏洞的出现。而这个生态圈的成员，则通过生态圈，不仅可以分享各种资源，还可以共同享受产出成果，实现了共生，使得企业的生产经营简单化、高效化。

第二个层次：互生

在商业生态圈中，还有一种关系叫互生，就是所有参与生态圈的成员，相互之间存在着利益的关联，以此为基础推动整个生态圈健康发展。

亚马逊是靠做图书业务起家的线上销售平台，他们推出的Kindle阅读器，将无线网络、出版商和书店整合在一起，这种商业模式提供给消费者非常方便、快捷的购物体验，可以让选书、购书、读书和评论一气呵成。而无线网络、出版商和书店在这个生态圈中则是互生关系，这种缺一不可的互生关系牢牢锁定了消费者。

第三个层次：众生

众生是通过对市场和经济发展态势的关注，掌握最新动向，及时对原有的生态圈进行升级和改革，进而开拓出更加广阔的市场。

以淘宝网为例，作为中国电子商务的领军平台，其商业生态圈中的参与者越来越多，发展到一定程度之后，出现了很多问题，比如假冒伪劣产品、商家虚假宣传等情况层出不穷，对淘宝网造成了极大的困扰，很多客户因此流失。为了更好地应对这种情况，淘宝网开始建立"天猫商城"，把一些高质量的产品和商家聚集在一起，形成了一个全新的商业生态圈，进一步拓展了平台的业务，也让消费者在购物的时候有了更好、更放心的选择与体验。

事实证明，淘宝网的这种转变是非常成功的。因为天猫商城与原有平台之间是互生关系，其最突出的优势就是通过长时间的发展，通过成熟的系统已经把商家和消费者的习惯培养好了。所以，当它向天猫商城这个众生的生态圈过渡时，商家和消费者都不必改变原来的购物习惯和方式，只是多了一个选择项。这种能随环境调整而不动利益根基，从而持续创造价值的特点，就是众生最大的优势。

3. 布局决定商业模式的成败

商业模式之所以决定一个企业的成败，原因就在于好的商业模式可以持续为企业创造盈利。可是能够持续盈利的商业模式是多种多样的，哪种模式更实用、更高效呢？那就要看商业模式的布局够不够有个性，有没有创意。比如在互联网飞速发展的冲击下，传统企业原来日进斗金的生意，现如今却变得利润微薄，库存和成本却居高不下，规模无法扩张，做营销、砸广告的办法也都失灵了，企业走到了艰难的境地。这些乱现象和问题的本质，是因为这些企业还在使用旧的商业模式，而没有做好互联网时代的布局。

面对新技术新事物的冲击，很多企业管理者都缺乏冷静和耐心，一味地慌张急躁，乱了阵脚，没有开发出一套专属于自己的商业模式，没有在布局上好好下功夫，而是选择抄袭和照搬，不懂创新和改造。很多企业的商业模式都是"打折""促销"之类的，完完全全的价格战，而这只会让自己陷入可怕的恶性循环。好的商业模式会进行布局，不在价格上与竞争对手纠缠，特别是自己在没有一套系统可以保证低价的情况下。面对冲击，把握已有优势，把企业的关注点放在"与众不同"上，重点进行市场细分才是王道，而这种布局，是竞争对手无法效仿和学习的。

从2013年开始，小米就已经开启了生态链计划，还定下了5年内投资100家生态链企业的目标。截至2022年年初，小米生态链已经初步构建完成，其中年销售过亿元的有16家，至少4家估值过10亿美元。这让小米一时成为人们关注的焦点，它已经不再是一个小的公司，而是成为估值千亿元的独角兽企业。

罗马不是一天建成的，小米也不是一夜之间火爆的。在多数人对新三板这个概念还没有搞明白的时候，小米已经在新三板布局成型。据统计，小米在新三板涉猎行业非常广泛，覆盖了游戏、移动营销、文化体育娱乐、软件信息技术和制造业等几大行业，包括海润影业、白鹭科技、凯立德、比科斯、易点天下和创科技、维珍创意等多家企业。

此外，对于商业模式的布局，苹果公司也是一个非常好的例子。这个世界500强里面连续6年净利润排在第1名的公司，最初是从电脑业务开始起家的，而手机业务是从2007年才开始的。当年，苹果准备推出可以触屏、可以打电话的智能手机时，在6个月之内，市面上没有见到一台苹果手机。但是这6个月时间之内，苹果公司的乔布斯却布了一个大大的局，让苹果手机在 6 个月后一夜之间卖到了全球 132 个国家。那么，乔布斯是如何布局的呢？

乔布斯先是找到代工企业作为苹果手机的代加工企业，由代加工企业负责生产硬件，而他们则投入研发和设计，做出了 iOS 系统。万事俱备之后，为了打开市场，他们又和电信联合去营销，与全球 132 个国家的前 3 名的运营商进行了合作，比如中国的联通、日本的软银等，最终苹果手机 iPhone 横空出世，给手机市场注入了一股新的活力。

由此可见，一个企业的商业模式一定要布好局，才能不断打造企业的核心竞争力，否则不仅会在错误的决策上投入大量的资源，无法获取预想的战果，甚至还会耗尽企业有限的资源，降低企业的竞争实力，带来生存的危机。

4. 扩大利润：垂直供应链整合

垂直供应链整合是企业开始打破传统的生产环节，在产品从原料到成品，最后再到消费者身边的整个生产、营销过程中，不再只是负责其中的一个阶段，而是开始涉及原料、销售等由供应商、渠道商负责的不同层次的业务。垂直供应链整合可以有效降低企业的运营成本，有效控制投入与产出。

现如今，随着人工、原料成本不断上升，面对市场竞争持续激烈的现状,很多企业开始绕开层层中间商,直接与产品或服务的上、下、游企业对接,进而降低成本,提升企业的竞争实力。这种垂直供应链整合可以更加细化供应链分层,有效扩大利润空间。因为,当企业发展到一定程度,随时会遇到各种供应链的问题,比如:原料断货怎么办?产品某个环节质量出了问题怎么办?影响出货时间怎么办?等等,这些都会在无形中影响企业的正常运营。所以,对于任何一个企业来说,对供应链体系进行有效的整合与管理都十分重要。

国内某服装品牌,一直以来不管市场竞争如何残酷,其在行业内都占有一席之地,且在几十年的发展过程中,一直保持着稳定的增长率,最终成为当下全球第三大服装零售商。而让这个企业取得如此成功的法宝,就是它对供应链的垂直整合。从品牌广场、制造生产、仓储物流,再到门店终端零售,该企业全部将其囊括在自己公司旗下,对垂直产业链进行了全面的整合。而这种整合,可以让这个服装品牌的供应链系统非常灵敏,从款式设计到成衣上柜销售只需要12天的时间,而别的服装品牌则要120天,更漫长的还有需要6~9个月的。与此同时,这个服装品牌通过自己的专卖店可以及时、精准地掌握客户的需求,然后通过自己的垂直供应链可以对这些需求作到准确的把握和满足,从而在市场营销中一直处于主动地位。此外,横跨产业链所有领域的企业组织,还有苏宁电器。它之所以具有非常明确的竞争优势,除了快速、大量地扩张门店数目,也在于它拥有全国性的、中央控制的、现代化的物流系统,这个系统包括一流的硬件和特创的软件,能够保证苏宁门店的流畅运营,保证苏宁可以向客户提供优质的售后服务和准确可靠的客户服务。

企业在不同阶段，会有不同的发展趋势，而发展的过程中必然会遭遇诸多的困难，比如价格波动、货源、品质控制等，要想很好地控制和解决这些困难，垂直整合供应链就是关键。因为，无论企业规模的大小，核心竞争力都体现在供应链上面，哪怕是苹果、壳牌、戴尔等知名公司也不例外。戴尔公司结合传统供应链的垂直整合和虚拟组织的特殊特征，创造出"虚拟整合"，它们产品的组装零部件，虽然来自别的公司，但戴尔公司与这些公司之间的关系却要比传统的买方与供应商之间的关系更紧密，虽然形式上戴尔公司没有以垂直整合的方式拥有这些公司，但通过使用信息和松散联系却达到了垂直整合的效果，形成了一个严密的合作供给链。由此可见，只要抓住品牌、渠道、物流3个环节，企业供应链垂直整合，可以为企业带来更高的利润。因为这样企业才能做到专一、专注、专业，进而增强企业的市场竞争力。

5. 资源配置：水平供应链整合

水平供应链整合是企业在同一价值层面上整合、获取业务，是企业采取战略行动的一个选择。企业通过水平整合供应链上的类似产品业务，不仅能产生协同效应，还能产生一定程度的产品多样化。这种整合方式实质上也是竞争对手之间的整合，它不仅可以扩大企业的生产规模，实现规模化发展，还能使行业集中度有所提高，进而增强产品的市场竞争实力，甚至还能够影响和控制市场上同类产品，形成行业垄断，为企业增加新的优势。这种整合方式操作简单，没有什么风险，且参与双方非常容易产生协同，可以在很短的时间内形成产销规模经济，帮助企业实现超常发展。

国内某啤酒集团是我国最悠久的啤酒生产企业之一，已有百年历史。

其水平供应链整合的步伐开始于对扬州啤酒厂和西安啤酒厂的收购，自此之后，它便踏上了新的发展历程。随后几年里，它先是水平整合了山东日照啤酒厂和平度北海啤酒厂，又采取"破产收购、政策兼并、控股联合"等资本运营方式，陆续兼并了40多家企业，实现了由"产、地、销"向"销、地、产"的战略转变，形成了本厂产品占领中高档市场，并购厂产品占领大众化市场的新格局。

这个啤酒集团水平供应链整合使其生产能力和市场占有率都得到了极大提高，而且值得注意的是，这种全新的扩张方法，要比重新投资建设和管理一个企业使其发展到此种程度的速度快得多，成本更低，效益也很好，是企业发展最有效和简便的方法。这种方法主要有以下优点。

（1）合理避税

这个优点适用于不同国家之间的水平供应链整合，因为不同国家间税法、会计制度、内部税收政策等方面都存在差异，企业均可通过水平供应链整合的方式，或多或少地赚取一些因这种差异带来的利润。

（2）控制成本

企业水平供应链整合后，生产经营规模可以迅速得到扩大，产量迅速得到提升，但是企业的固定成本和投入成本却不会发生太大的变化。所以，这可以有效降低企业成本，使得企业在价格和服务成本方面占据一定的优势，可以为企业带来相对垄断的利润，提供销售渠道的灵活性，增强自身在市场竞争中的实力。

（3）价值最大化

水平供应链整合是一种典型的资源配置，可以对存量进行有效调整，让企业用较小的资源在非常短的时间内实现资源的优化配置，实现优势互补，从而放大企业整合之后的价值。

（4）再增长优势

企业在发展期和衰退期，往往会面对两方面的困境：一方面，企业单打独斗面对众多竞争者的市场现状，会导致行业内利润水平不会太高；另一方面，行业内有太多的企业生产产品，终究会造成市场供求关系的失衡，对于企业单打独斗的发展和企业衰退期活力的激发都会产生不利影响。

而水平供应链整合在一定程度上可以有效地降低市场竞争程度，对市场供求进行平衡。而且，整合后会有一些新技术、新专利、新人才的引进，会促进企业加速淘汰落后技术，提高企业整体管理水平和生产效率，进而实现企业的再增长。

6. 降低内耗：内部系统化整合

对于企业来说，内部系统化整合是指在现有资本结构的基础上，对内部进行系统化的整合，即将企业内部的业务、资产和产业进行优化组合，重新配置和调整，包括控制成本，提高生产率，开发新产品，拓展新市场，提高管理能力，进而有效地降低内耗，创造新的竞争优势或维持现有的竞争优势。

但是，很多企业在运营和管理当中，其管理者往往对于一些资源、目标等外部的因素比较关注，却对企业内部资源与资源之间的协调有所忽略。比如某些企业管理者，最在意的是企业的生产和销售目标的实现，对于内部资源则缺少整合意识，资源只是拿来直接帮助企业实现生产和销售目标的工具，而不会考虑资源之间的协同与整合，以至于出现内部资源耗损过大，严重影响企业生产和销售目标的实现的现象。所以，如果不对企业内部进行系统化的整合，那么资源自然就不会为企业做加法。

来看看苹果和索尼这两家公司的一些对比，可以帮助我们很清楚地理解企业内部系统化整合的重要性。苹果公司的管理者并不出色，比如乔布斯经常被员工在背后称是一个糟糕的老板，而索尼公司则是典型的日本企业，非常重视精细化的企业管理。也就是说，针对管理能力这一方面，索尼公司是强于苹果公司的，但是这两个企业在企业内部系统化整合方面却有着明显的差别。苹果公司的管理者乔布斯虽然做老板很糟糕，但他非常善于把不同团队撮合在一起，进而产生强有力的协同效应。所以，苹果公司开发iPod的时候，从立项到成立，到获得市场的成功，只用了非常短的时间，这得益于部门之间强有力的促进作用。因为苹果公司部门之间采用的是项目制，而项目负责人拥有优先的话语权，可以随时调动公司的一切资源，这样的方式有效地降低了内耗的发生，从而能更有力地帮助企业实现高效产出。

反观索尼公司，当苹果公司进军音乐和音乐播放器市场的时候，索尼公司虽然已经形成了非常成熟的音乐内容部门，还有播放器的部门，但是面对劲敌威胁的时候，企业内部却在相互内耗、打架，谁也不服气谁，严重影响了企业的协同效应，结果在自己最擅长的领域被苹果公司取代。

由此可见，虽然管理做得好，但是如果在内部系统化整合上跟不上节奏，那么企业则很有可能陷入内耗的泥潭。企业内部系统化整合通过对经营模式、产品结构和组织状态的行为改变等方面的调整，可以促进企业更好地发展，从而提高企业竞争力。其优点主要表现为两方面：一是现有资源充分利用。通过内部系统化的整合，可以让企业的现有资源得到最大化的利用，资本结构和技术领域得到进一步的扩大，从而增强企业的核心竞争力。二是持续保持竞争优势。通过内部系统化的整合，可以帮助企业打造自身的核心竞争力，可以在外部交易的各个环节中，持续保持竞争优势，在竞争中制定出合适的竞争战略，能够扬长避短，这是企业在市场竞争中制胜的关键。而且在内部系统化整合的过程中，企业的资产所有权不会发生变化与转移，只是企业的资产配置和管理机制发生变化，这属于企业的内部管理和经营行为的范围，没有任何法律风险，不会与其他企业和个人产生所有权关系的变更。

7. 做好市场的深度再开发

对于我国实体经济的发展现状来说，市场深度再开发这个概念显得尤为重要。当下，市场和消费的疲软已经成为不可忽视的现实，在这种背景下进行市场深度开发，不仅具有很强的针对性，还可以精准锁定目标消费者，优化产品或服务，提升市场份额的占有率。那么，企业如何做好市场的深度再开发呢？这需要从静态和动态两个角度切入。静态是在提升客户的忠诚度上进行深入，动态则是从引导客户需求上进行深入，而不是一味地迎合消费者的需求、喜好来调整自身的产品线。只有这样，才能有效地降低企业成本。

英国乐购公司是实现市场深度再开发的成功企业之一，作为英国最大的食品超市公司，该公司一直在实施"俱乐部卡"活动，以帮助公司进行市场深度再开发。事实证明，这个活动是成功的，成功将乐购的市场份额从 1995 年的 16% 上升到了 2003 年的 27%，使其成为英国最大的连锁超市集团。很多会员都是在市场深度再开发之初就成为乐购的会员，且从一而终，和乐购保持了 9 年的联系，这一点特别难得。而乐购公司之所以成功，其秘诀在于，乐购公司发现了市面上一些公司积分兑换存在的弊端，于是通过深入了解客户需求，大胆改变了积分规则，使其简单易懂，即客户可以从他们在乐购的消费积分中得到一定的代金券，乐购会将这些代金券邮寄到消费者家中。这个举措极大地激发起很多家庭的购物兴趣，使他们纷纷成为乐购"俱乐部卡"的忠实会员。据统计，在英国有 400 万家庭每隔 3 个月就会查看一次他们的乐购"俱乐部卡"积分，为了用掉这些积分，再次去乐购疯狂采购。

由此可见，乐购公司"俱乐部卡"的营销策略正是针对消费者对产品的认同感，提升消费者的产品体验程度以及在潜移默化中引导消费者的消费习惯方面来进行的。也就是说，市场深度开发的实现，离不开挖掘潜在流量、培养忠诚度、引导需求偏好这 3 个环节。

第一个环节：挖掘潜在流量

潜在流量，即企业的潜在消费者，这是市场深度开发的目标之一。潜在消费者＝"有购买欲望＋无购买能力"的人群，即这类消费群体之所以没有马上购买企业的产品或服务，是因为其预算不足和没有能力购买产品。而挖掘这种潜在流量，会给企业带来很多的机会。

第二个环节：培养忠诚度

消费者的忠诚度，体现在他们对企业产品或服务的认可度、评价和口碑上，如果产品或服务用完，他们会毫不犹豫地选择再次购买。而这种忠诚度包括两个方面的内容：一方面是对企业产品的忠诚，表现在对产品质量、设计和功能的认可；另一方面是对企业品牌的忠诚，他们忠诚于产品文化和企业核心价值。

第三个环节：引导需求偏好

在传统运营思维指导下，企业只能通过适应消费者的需求偏好来开发产品。但是随着互联网时代的到来，很多企业的产品和服务越来越智能化、信息化和高端化，技术创新驱动下的产品结构已经是消费者无法感知和体验的，在这种情况下，企业就不能一味地满足消费者的需求偏好来进行运营，而是要引导消费者重新建立需求偏好，这可以帮助企业在做好市场深度开发的过程中建立起差异化的市场竞争格局。

8. 商业模式的跨界新玩法

有一个朋友是生产自行车的，但是生意却越来越难做，后来，他采用了一个商业模式的跨界玩法，就是通过建立自行车骑友停靠站，进行了一个单店基因的组合，对不同的商业要素进行了一次全新的跨界整合，从而创造出一种十分具有创意的商业模式，并取得了最终的胜利。自行车骑友停靠站的建立，把骑行装备、服饰、简餐、清吧等这些自行车骑友喜欢的元素，全部都集中组合在一起，形成了一个良性的商业生态空间，受到了广大骑行者的欢迎。

一般来说，制造自行车的利润不会超过10%，甚至有时候连5%都不到，但是这位朋友建立的自行车骑友停靠站的净利润竟然不低于20%，一年下来，利润非常可观。这位朋友刚开始也没有想到，做一个停靠站竟然会这么赚钱，但正是这些原本毫不相干的因素组合在一起，创造出了惊人的市场业绩，这就是商业模式跨界的力量。

这个平台将这种跨界打劫的模式应用得炉火纯青，并收到非常好的效果。首先整合了一些实体店，比如经营不理想的酒吧、咖啡店，整合了骑行设备线下专卖店，整合了广告投入渠道等，服务内容覆盖了骑友的设备装置、生活休闲、社交活动等。

对于骑友来说，在这个平台营造的空间里，可以实现一站式购买，不仅不用花时间花精力再去别的地方，还可以在这里认识一大批具有共同兴趣爱好的骑友；对于线下咖啡店、酒吧来说，通过这个平台的整合，相当于把骑友都引到自己的店内消费，增加了客流量和回头客，解决了传统运营模式中传播、引客、销售、留客难等问题；对于骑行设备商家来说，通过这个平台整合的停靠站，可以把自己的产品很好地进行展示，获得了足够的曝光量，获得了精准消费者的关注与传播，直接面对终端市场，没有中间商赚差价，进而更好地占有市场；对于原先的自行车骑友停靠站来说，通过这个平台整合模式而带来的大量自行车骑友会员的积累和沉淀，停靠站会越来越有名气，变现就会非常简单。通过会员机制与消费联盟模式,可以把传统企业最难的问题得以解决。比如他们实现用户的留存量和活跃度之后,依靠这些有效流量,就会吸引很多相关商家来投放广告。

所以,从这个自行车骑友停靠站的案例中我们不难发现,商业模式设计高手的跨界玩法,包含了非常多的商业模式的结合和资源整合思维在里面,进而创造出极具竞争力的优势格局。这个时代的商业模式,时时处处需要多面手,多功能化,这样才能很好地打破原有行业特征,把几个行业整合在一起,实现身份的多元化、经营思路的多样化,而不再是只在一棵树上吊死。

这种商业模式的跨界,是通过组合多种元素产生一个全新物种,从而创造一种新的竞争力。比如苹果和香蕉的杂交,就是香蕉苹果,是一个从来没有过的品种,具有独特的口味。这种跨界的模式可以帮助企业很好地避免同质化的竞争,让大家不再只是去搞价格战。由于大家产品都差不多,对方卖十块钱,你卖八块钱;对方卖八块钱,你再卖六块钱,这样恶性循环下去大家都没有好结果,没有胜利者。所以,在这种情况下,企业就要冷静思考自己应如何通过商业模式的调整和跨界,走出具有差异化的路线,轻松摆脱同质化竞争,从竞争的红海走向蓝海。

智慧锦囊

在这个迅速发展的商业圈里,如果没有一套适合自己也比较创新发展的新型模式,那么你很快也会被市场淘汰并输得很惨。

第八章

战略解码：
强化企业战略，加持商业模式

企业战略与企业的商业模式和发展有着非常重要的关系。在某种意义上，企业战略就是企业的发展方向，决定着企业的未来，能从根本上决定企业所有的努力是否有价值。所以，对于企业来说要多进行战略上的思考与研究，才能获得可持续的竞争优势。

1. 产品战略

产品战略对于一个企业来说，是关乎其生死存亡的关键事项，它与市场战略关系紧密，需要对企业所生产与经营的产品进行全局性谋划，依靠具有竞争实力的产品，去开拓市场，赢得忠诚的顾客，最终获取可观的经济效益。宝洁公司的产品战略是其在市场竞争中始终保持领先的秘诀所在。

美国的宝洁公司是从做蜡烛和肥皂起家的，但是在早期却一度经营惨淡，直到20世纪80年代时，宝洁公司开发了一种白色香皂，不仅成本低廉，而且质量优异。随后宝洁公司投入近11万美元的广告费用，让消费者在一夜之间认识了这款象牙牌肥皂。仅在当年，宝洁的年销售额就迅速提升至数百万美元，而这种变化都来源于这款新产品。

宝洁公司在世界各地建立了18个技术开发中心，共拥有近万名科研人员，每年用于研究与开发的投入达到15亿美元。到目前为止，宝洁公司已开发出的新产品涉及洗涤、清洁用品、纸品、美容美发、保健用品、食品饮料等300多种。

而宝洁公司进入中国市场，则始于一个新产品——海飞丝。靠着"头屑去无踪，秀发更出众"的广告词，让中国的消费者迅速熟知了该产品。继海飞丝之后，宝洁公司在中国市场又相继推出飘柔、碧浪、潘婷、舒肤佳、玉兰油、护舒宝、汰渍、佳洁士、沙宣等一系列产品，且都十分畅销。

宝洁公司之所以能够取得这样的成功，产品战略是其制胜的关键。据宝洁公司相关负责人透露，每次推出新产品，宝洁公司都要先进行广泛的调查研究，一来是针对公司市面上已经在销售的产品，调查消费者的反馈；二来是针对准备推出的新产品，了解消费者这方面的需求。在制定产品战略的过程中，主要有两种方法可供借鉴。

第一种方法，产品寿命周期法。顾名思义，这种方法是从一款新产品的试制成功、投放市场开始，直到最后被新产品代替，从而退出市场为止所经历的全部时间，这个过程由产品的引入期、成长期、成熟期和衰退期这4个阶段组成，每个阶段都有不同的战略计划。比如引入期，要进一步加强产品设计和工艺工作，加强市场调查与预测，积极进行宣传与促销，增加销售额。而成长期则要适时进行技术改造，提高产品质量和生产能力，努力开拓市场。成熟期则需要增强产品竞争能力，提高销售额。衰退期必须采取优惠价格、分期付款等方法来促进产品的销售。

第二种方法，产品组合优化法。这种方法由美国通用电气公司和波士顿战略咨询集团于20世纪60年代中期合作研究提出，又称为PPM技术，即"产品项目平衡管理技术"。这种方法主要有几个步骤，主要包括给产品的市场吸引力、企业实力进行评分，然后分为大、中、小3个等级，之后用象限分析法，分别找到相对应的产品战略。

综上所述，战略的本质就是做取舍，决定要做什么，不要做什么。所以，产品的战略就是通过产品的可行性方案，让企业各部门各环节努力协作，完成目标，这样企业和用户才能各自都得到满意的结果。

2. 成本战略

成本战略对于企业来说，就是以低单位成本为用户提供低价格的产品。这个战略要求企业要具有持续的资本投入能力，且生产能力和技术水平都处于行业内领先的地位，只有这样才能使企业的利润高于同行业的平均水平，特别是在行业内打价格战的时候，优势才会特别明显。当别的企业因为产品降价而没有利润空间的时候，有成本战略的企业则还会保留一定的盈利空间，低成本会带来高收益。此外，还可以让企业的产品能够在激烈的市场竞争中，始终保持更低的价格，从而增强竞争力。所以，成本战略是很多企业都非常重视的战略之一。

沃尔玛超市特别重视成本战略，从产品的采购到物流配送，成本战略都渗透其中。比如在运营中，沃尔玛超市的商品都是直接向工厂采购，没有中间商赚差价，将采购成本降到了最低。同时，在与供应商合作的过程中，把数据库与其共享，帮助供应商掌握客户需求，做到精准供货，降低经营的风险。同时，为了降低物流配送的成本，建立了现代化的物流配送中心。一来可以发展自有品牌，提高超市的利润率，避开同质化的竞争。二来可以加快商品的流通性，增强对消费者的吸引力。沃尔玛超市还严格控制日常消费，在日常管理中落实节俭策略，把成本战略落实在公司治理的每个环节。此外，还包括节俭出行，办公环境装修简洁，尽可能地减少广告开支等，注重利用发达的技术信息处理系统作为成本战略实施的基本技术保障。

沃尔玛超市的这种成本战略，在我国家电零售行业也应用得比较广泛。比如国美、苏宁等家电零售巨头，面对竞争对手的竞争时，在继续巩固其成本优势的同时，设计最适合的组织结构，建立严格的控制系统和监管系统，将成本战略贯穿始终，送货、安装、维修等服务及时有效，建设企业文化，将节约、节俭理念深入公司每个员工，从而大大提升了企业的竞争力。其成本战略主要有以下几个优势。

（1）有效应对市场竞争

因为实行了成本战略，很多竞争对手无法在价格上取得竞争优势，进而无法采取差异化的战略与之较量。或者也可能在其他方面有能力开展较量，但这种较量归根结底还是无法与实施成本战略的企业相抗衡，所以，实行成本战略可以保证其有效地应对市场竞争，不断地巩固其领先的市场地位。

（2）始终保持价格优势

企业应用成本战略可以有效地控制供应商价格的调整，相对于成本较高者来说，成本战略可以使企业比其他竞争对手赚到更多的利润。

（3）形成产品销售壁垒

行业内一些新加入的竞争对手，因为受到技术、管理、经验等诸多方面的影响，成本无法降到足够低，自然也就无法与实行成本战略的企业进行有效的竞争。而运用了成本战略的企业，在遇到激烈的市场竞争时，可以用较低的利润水平进行产品销售，而这一点对于新加入的竞争对手来说，是一种毁灭性的打击。

由此可见，对于企业来说，降低成本可以增加利润，这是企业实施成本战略的根本目的。因为企业降低了成本，以相同的资源就可以生产更多的产品、实现更多的经济目标，这样一来，就能够使企业获得更多的利润。与此同时，成本战略要围绕为企业取得和保持竞争优势而开展，引导企业走向成本最低化，这是成本战略的最终目标，也是成本战略的最高境界。

3. 会员战略

企业无论是经营产品还是提供服务，其最终的目的都是创造更多的客户。而会员，并不只是我们常说的顾客、客户、消费者等群体，而是指与企业发生紧密关系的那群人，他们并不是均质化的，而是有着各自不同的标签，有的买得多，有的在乎价格，有的喜欢品质，有的在意售后服务等，多种因素促使这些人带着强烈的意愿参与企业的运营之中。但企业的资源终究是有限的，不可能用同样的标准去服务所有的人，所以企业只能把最有价值的客户筛选出来，为其提供差异化的服务，让这群人为企业不断创造更大的价值，这就是各个企业推行会员战略的核心思想。

某药房正式推出会员制政策，他们的做法与沃尔玛超市的会员制非常相似，主要体现在以下几个方面。一是，做他们的会员，需要交纳会费，每年100元，相比其他竞争对手2元、10元、20元的会费标准，这家药房的会费却高出了很多倍。二是，药品的会员价十分具有诱惑性，要比同类药品、同行标价低5~20个百分点，此外还会为会员提供免费健身及积分送公园年票、免费体检、保险等服务。所以，很多顾客都非常愿意做他们的会员，因为虽然交纳了100元的入会费，但是却可以买到比其他药房价格低很多的药品，这样算下来，很快就可以把这100元会费省回来，感觉一点也不吃亏，而且这个会员资格还是终身的，非常值得。

实践证明，案例中这家药店实施的会员制给药房带来了非常可观的收益。且会员大多为药品消费的常客，年购药量非常可观，是这家药店最可靠的消费群体。而且，如果相关的药厂要举办讲座的话，药房就会与这些会员取得联系，请他们来听课，这样就把药店、药厂和消费者牢牢锁定在一起，三方都可以从中受益。这个会员制让这家药店快速从市场竞争中突围，完全不害怕竞争对手的竞争，运营出了自己的特色。总结起来，企业实施会员战略，主要有以下3个突出优势。

（1）紧密与客户的关系

会员与企业之间的关系，已经不再只是交易层面的关系，而是一种利益的捆绑，通过良好的关系维系，双方达成互惠共利的结盟，最终形成非常紧密的客户关系，帮助企业实现可持续的发展。

（2）奠定商业模式基础

在激烈的市场竞争中，企业的商业模式要实现增长与盈利，就需要对会员进行有效管理和价值挖掘，这样才能奠定商业模式的基础，才能与企业的各个组织层面达成战略共识，进而实现有效协同，持续地将商业模式的运营动作落地并不断优化，最终实现企业的发展和运营目标。

（3）建立强大的会员系统

会员经营如果想做到强大、智能、高效，必须借助数据和技术的系统，把更多创新技术和工具广泛应用在会员经营的全生命周期过程中。建立规范的会员系统，可以帮助企业更好地应对快速变化的市场环境，实现持续生存和盈利。

4. 时间战略

很多成功的企业都非常擅长实施时间战略，利用其进行长周期的战略计划，甚至投入大赌注，而且一旦确立好时间发展战略之后，企业一般都会长期坚持，哪怕遇到生命攸关的重大风险也不改初衷。比如，服装品牌ZARA有40%的产品，约两周就会更换一次。此外，沃尔玛超市定期更新其商品的1/4，而大多数的超市却无法做到定期正常更新商品。高级装饰材料品牌威盛亚，在8天甚至更少的时间内，就可以生产定制产品，并送达客户所在地区，而其竞争对手则需要30天才能做到。坚持时间战略的这些企业的产品销量和业绩，大多都数倍高于行业平均水平，能够在低迷的经济局势中保持遥遥领先。由此可见，时间战略对于企业竞争而言，有着十分重要的意义。

本田公司的销量曾经非常低迷，甚至在很长一段时间内，只能看着雅马哈肆无忌惮地抢占自己的摩托车市场份额。而自己只能将优势资源都集中在汽车业务之中。面对竞争对手的猖狂行为，本田公司采用了时间战略成功进行反击，并顺利化解了这一危机。本田先是制订好新品推出计划表，然后在接下来的18个月中，连续推出了60款不同类型的摩托车车型。因其摩托车可以引领新的潮流，其新颖性和时尚感一直是让顾客喜爱的根本，而且因为时间战略的有效规划，产品上新一直有条不紊地进行，技术含量没有任何降低，反而在不断上升。而它的竞争对手，因为没有很好地作出时间规划，只是在竞争之初推出了27款新车型，除此之外，再无上新，导致自己的产品在与本田公司的竞争中，显得老旧过时而无吸引力，即使很多经销商拼命降低价格，也无法挽回这个局面。最后，雅马哈宣布投降，总结自己的原因时发现，由于没有很好地结合企业自身的实际进行很好的规划，以至于没办法与本田公司的销售和生产力相媲美。

案例中本田公司之所以能够快速赶超对手，根本原因在于其在竞争对手出现的 10~15 年之前，就已经实施了时间战略，开始了 100 款新车型的研发，而非临时抱佛脚。坚定有效地执行时间战略，使得企业的经营节奏较为稳定，遇到危机也能沉着应对，而不像雅马哈那样，为了应对竞争，不得不紧急批准大批资金用于制造新品，一边竞争一边研发、引进和生产制造新产品。

在这个案例中我们可以看到时间战略的优势，它可以令企业沉稳面对竞争对手的挑战，打破竞争僵持的局面，为赶超对手提供了新的途径和方法，让基于成本的对手们瞬间措手不及。同时，用户们也愿意为企业时间战略的成功实施而买单，甚至愿意支付更高价格。因此，企业需要为自己建立基于时间的战略。但实施时间战略的企业需要改变一下传统的评估绩效的方法，不再只是从成本和质量的竞争入手，而是变为在质量、成本和反应能力等方面的竞争，通过有效的时间战略，让企业的价值传递系统可以比竞争对手的灵活度高出 2~3 倍，同时可以利用自己基于时间战略的竞争优势，制定出能够给竞争对手造成威胁的竞争策略，始终保留长远的眼光，对市场趋势和潮流的发展动态时刻保持关注，并提前预留好接口。

5. 口碑战略

商业模式是不能独立运行的，即便是世界上最完美、最高明的商业模式也是如此。只有与企业战略紧密结合，并能够真正执行落地的商业模式，才会爆发出难以想象的市场潜力，给企业带来商业上的巨大成功。

口碑，作为互联网时代直接关系产品销售多寡的重要因素之一，与商业模式的效能息息相关。产品的口碑、企业的口碑越好，其商业模式的效能就越高。也就是说，我们要想让既有的商业模式发挥出更大的作用，就一定要重视企业的口碑战略。

俗话说："金杯银杯，不如消费者的口碑；金奖银奖，不如消费者的夸奖。"尤其是在互联网时代，信息的传播呈现出快速、即时的特点，且打破了地域、空间和时间上的限制。比如说短短一条差评，其传播范围并非几个人、几十个人，甚至可能覆盖全国所有城市，而且不仅影响当下的商品交易，还会对未来的商品交易产生不可预估的持续性的负面影响。在互联网时代，口碑的作用和效果被无限放大，因此以口碑为核心的企业运营战略也随之应运而生。

要么获得更多新客户，要么把老客户的市场价值开发到极致，这是最简单也是最基础的商业逻辑。随着互联网获客成本的不断攀升，做好老客户市场已经成为一种主流选择。

互联网彻底改变了信息的传播方式。在传统商业运作中，商品信息的传播是单向的，比如企业在电视上投放商品广告，这种单向的宣传模式，受众虽然足够广，效果却难以精准评估，比较粗放；在互联网电商领域，商品信息的传播呈现出鲜明的互动性，比如现在网络上的各类购物直播，主播与消费者随时可以在线上互动交流，传播目标更清晰，受众更精准，宣传效果也会更好。

信息传播方式从"传播"到"播传"的转变，是单向传播模式的结束，是互动传播模式的开始。未来的互联网信息传播不是"一对多"模式主导的时代，而是"多对多"模式主导的时代。这也就意味着，口碑不仅仅是商业运作的核心，也是商业模式中的关键词语。

在植物医生品牌创始人解勇看来，好口碑不是来自"请明星，打广告"，而是来自人。20世纪90年代，联合利华等众多日化巨头抢占中国市场，打包等国货品牌也声名渐起，当时塑造好口碑的做法简单而粗暴，就是"明星+广告"。"广告一响，黄金万两"真实描述了"明星+广告"的强大生命力和影响力，此后，这种做法一直延续到今天。然而，互联网的迅速发展，催生了一个信息爆炸的新时代，当网络上海量的信息扑面而来，"明星+广告"的营销模式，其塑造口碑的效果也在不断打折再打折。

如何吸引大众的"眼球"，如何重建新的口碑运营系统，成了摆在无数企业面前的一道难题。植物医生品牌创始人解勇以"人"为本，以口碑为核心，开拓了一条新的商业路径。

为了更好地了解消费者，植物医生品牌专门成立了一个IT部门，除了收集消费者的生日、年龄、住址、肤质、消费记录等与购买行为相关的基础数据外，植物医生品牌还着力抓取包括会员爱好、生活习惯等在内的更深层次信息，以求描绘出一幅幅清晰的消费者画像。植物医生品牌推出的单品牌店模式就是解勇沉下心来研究消费者、研究零售业的一种新尝试，如今植物医生这一国货品牌已经走出国门在日本落地生根。

在互联网时代，企业制定口碑战略，一定要突破传统思维，通过用户深度参与产品制造的体验和设计的体验、媒体矩阵化整合传播等多种多样的方式，借助粉丝活动、品牌活动、体验活动、免费试用等办法，真正让好口碑扩散出去，从而真正促进商业模式效能的提升。

6. 资源战略

资源战略，通常是指为了保证战略行动的正常进行而涉及的资金、人员、物料、设备、实体组织等方面的总和，这其中也包括一些无形的资源，比如时间、荣誉、经验和资讯等。虽然这些无形资源很容易被忽视，但是在关键时候，却可以成为决定企业各种战略实施顺利与否的重要问题。也就是说，资源是企业各种战略实施和落地的前提条件和物资保障，这些资源要合理配置、整合才能发挥出最大的效用。而且对于企业来说，资源是核心竞争力的基础，通过资源情况可以判断出企业的核心竞争力的强弱，然后才能制定出企业的商业模式，因为企业资源毕竟是有限的，所以必须集中、有效和弹性的利用。

宏碁电脑公司为了企业发展，收购了美国康点，这是一个专门生产微型电脑的公司，但是却并没有给宏碁电脑公司的发展带来助力，反而在3年时间里让其亏损了5亿美元，最后宏碁电脑公司只好从美国康点撤资。宏碁电脑公司总结失败的原因时发现，造成这一局面的关键就在于公司的资源整合和优化出了问题，尤其是人力资源整合和优化方面的问题比较突出。由于在收购美国康点之后，发生了人才断层危机，尤其是国际企业管理方面的人才严重缺失，且无法在短时期内填补这个缺口，与此同时，研究人员人才流失很严重，这些原因直接导致人才资源无法满足公司的战略发展，最后只能以失败告终。

由此可见，不同的企业在不同的阶段所要面临和解决的问题是有区别的，只有解决了最紧要的资源问题，企业的战略才能顺利推行下去。也就是说，企业资源的利用和配置只有上升到战略的高度，才能保证企业战略成功落地。

一个企业在制定商业模式，并考虑落地和实施问题时，首先，必须对资源的情况进行深入分析。其次，制定资源战略，内容涉及对采购与供应实力、生产能力与产品实力、市场营销与促销实力、财务实力、人力资源的实力、技术开发的实力、管理经营的实力、时间与资讯等无形资源的把握能力，在确定这些资源中哪些是企业的短板，哪些是企业的优势之后，再根据企业的发展要求和市场环境进行相应的资源调整,使其短板能够有效避免,优势能够持续发扬,只有这样才能为企业的商业模式实施奠定基础,而企业的资源战略的平衡落地也就指日可待。

7. 品牌战略

品牌战略是企业实现快速发展的前提和必要条件,它可以成为企业的核心竞争力,帮助企业获得价值与差别利润,其主要作用是在与战略管理的协同中把握目标受众,彰显企业文化,精准传递自身产品的关联识别。

品牌是目标消费者及公众对于某一特定事物从心理到生理的综合性肯定、感受和评价,包括人和风景、艺术家、企业、产品、商标等,都可以成为品牌的对应物。而我们平时经常提到的品牌,则是狭义的定义,即公众对于产品、商标、企业家、企业四大类型的综合感受和评价。

很多企业在市场竞争的过程中,运用了品牌战略作为企业立足的有力武器,并取得了竞争优势,确保企业的长远发展。在科学技术高度发达、信息资讯快速传播的今天,技术、产品、经验这些因素很容易就会被竞争对手模仿,难以形成企业的核心竞争力。而品牌一旦树立起来,由于它是一种独特的认可、认知和感受,竞争对手则无法模仿。

对于不同的企业来说，因为各自生产的产品不同、面对的市场不同、品牌的价值和内涵不同，导致企业采取的品牌战略也存在差异。也就是说，每个企业都有各自的品牌战略，但总体来看，品牌战略可分为4种典型类型：一是以需求为中心的品牌战略，例如宝洁公司；二是以产品为中心的品牌战略，例如苹果公司；三是以品类为中心的品牌战略，例如加多宝、凉茶王老吉；四是以市场为中心的品牌战略，例如娃哈哈。

也就是说，不管企业规模大小如何，是大型的国企，还是有着百年传统的外资企业；不管企业知名度如何，是名不见经传的小企业，还是突然就风生水起的明星企业，任何企业的品牌战略都是这4种品牌战略中的一种，或者四者在不同程度上的组合和升级。但在制定企业的品牌战略过程中，有以下3点要注意。

（1）规划

企业要通过品牌战略规划来进一步提升品牌形象，进一步增强消费者对产品的认知度、忠诚度，为企业打造良好的品牌形象。比如，对于企业的发展来看，品牌战略首先要从产品质量开始规划，因为质量是企业的生命，只有过硬的质量才能为企业品牌战略的实施、开拓和发展奠定基础，否则一切都是空中楼阁。其次，以市场理念为切入点。企业从产品的开发到营销都必须以市场规划为导向，紧紧扣住市场变化这一主题，最大限度地满足客户需求，这是实施品牌战略的根本。

（2）定位

品牌定位非常关键，准确的品牌定位是品牌成功的一半。因为品牌定位可以让消费者轻松、清晰地记住品牌的特点、价值和特征，所以，企业在进行产品研发、包装设计、广告设计等方面都要围绕品牌定位去开展。比如某洗衣液品牌的定位就是"除菌",广告宣传语都是围绕"除菌"这个关键词进行,一次次通过广告宣传加深消费者对品牌的认知、记忆,最终达到只要洗衣服时有"除菌"这个需求时就会联想到或者购买这个品牌洗衣液的目的。

(3)宣传

对一些企业来说,在某段时间内集中对品牌进行宣传,让消费者对品牌产生印象非常重要。企业在宣传的过程中,要突出品牌的定位和价值,把握好消费者和品牌之间的契合点,让消费者能够对品牌产生认可,只有这样,才能让企业的品牌战略走上成功之路。

8. 金融战略

企业的金融战略是指企业运用连锁、加盟、融资、股权等金融杠杆打造自己的"财富帝国",最终实现上市的整体策划方案。其实,金融杠杆就是一个四两拨千斤的工具,只有适当运用杠杆,才可以放大投资的效果,从而协助企业提高利润,走向可持续发展的道路。

企业在制定金融战略之前,必须仔细分析投资项目中的收益预期,以及有可能遭遇的风险。最安全的做法是,将收益预期尽可能地缩小,风险预期尽可能地扩大，这样制定的金融战略才能产生良好的预期效果。比如老李家附近新建了一排商铺，每一个店面售价约为100万元。老李觉得商铺的地理位置十分不错，对它的未来价值预期非常看好。这时他面临着两个选择：一种是购买1套商铺，全额付款100万元，等以后商铺涨价，卖了可以赚取差价，按照20%的价格上升预期，他预计可以赚20万元；另一种是贷款购买4套商铺，每套商铺首付25万元，不足部分贷款300万元，每年支付8%的利息，也就是24万元。等房价涨了，按照20%的价格上升预期，他4套商铺的价值就会从400万元上升到480万元，除去利息24万元，老李可以获取56万元，远远超过全额购买一套商铺的20万元收益。但是这个过程也有风险，如果商铺价格在一两年内下跌，如果老李只是买了一套商铺，亏了就亏了，但商铺还是自己的。要是付了4套商铺的首付，还不上房贷的同时，就可能失去所有的商铺。

由此可见，企业实施金融战略的时候，在使用金融杠杆工具时，现金流的支出可能会增大，这时就必须要考虑到风险的存在，否则资金链一旦断裂，即使知道最后的结果可能是巨大的收益，但在困境不能解决时也不得不面对出局的结果。

第八章 战略解码：强化企业战略，加持商业模式

9. 市场战略

市场战略是指企业在激烈的市场竞争环境中，为实现自身的经营目标，制订的在一定时期内的市场营销总体规划。按内容划分，可分为4种类型：一是市场渗透战略。这种市场战略可以提升产品在市场中的销售量，即企业在原有的产品和市场份额的基础上，通过加大广告宣传、提升产品质量、增加销售渠道等方法来争取潜在客户，维护老客户，进而一步步扩大产品的销售量，让产品在市场占有率上有明显的提升。二是市场开发战略。这种战略一方面可以为产品开拓更加细分的市场，另一方面可以为产品寻找新的消费者，进而扩大产品的销售总量。三是市场发展战略。在这个战略中，企业可以不断增强市场竞争优势，保持市场占有率，通过改进生产工艺、刺激和激发消费者的新需求，取得全新的市场竞争力。四是混合市场战略。这种战略可以帮助企业不断开发和生产新的产品，利用新的产品不断地开拓新的市场，提高企业的竞争力。

此外，市场战略如果按产品在市场上的寿命周期划分，可分为导入期产品的市场战略、成长期产品的市场战略、成熟期产品的市场战略和衰退期产品的市场战略；如果按性质划分，可分为进攻战略、防守战略以及撤

退战略。

联想集团最初是由中国科学院计算所投资了 20 万元，由 11 名科技人员创办的，主要生产台式电脑、服务器、笔记本电脑、打印机、掌上电脑、主机板、手机等商品。联想公司按照自己的市场战略，于 1988 年开始进行跨国经营，最初只是在香港设立了分部，到 1991 年，公司已发展成为一个全球性的跨国公司，除了包括北京联想和香港联想两大分部外，还在美国的洛杉矶、费城，加拿大的多伦多，德国的柏林、杜塞尔多夫，澳大利亚的悉尼，新加坡以及中国国内设有分公司。

案例中的联想集团，从 11 名员工、20 万元贷款起家，在不到 10 年的时间内，不仅打开了中国市场，而且在国际市场中占有一席之地，成为累计盈利近亿元的跨国横向经营计算机集团。在我国相关产业起步较晚，比较落后的时代背景下，联想集团的成功不能不算是一个奇迹。而在这个奇迹的背后，除了世界经济逐渐一体化的时代趋势，还有着联想集团市场战略的实施作用，而这对于很多企业的发展都具有十分重要的借鉴意义。

联想集团在制定市场战略过程中，一直遵循着一个原则，那就是扬长避短原则。联想集团以中国科学院为后盾，有着雄厚的技术开发实力，在市场竞争中，联想集团十分注重发扬自身的这个长处；但要进行国际化的市场竞争，联想集团既没有成熟的海外销售渠道，也没有与之合作的海外销售关系，更没有国际营销的经验和优秀人才，这些都是其"短板"。为了扬"技术"之长，避"国际营销"之短，联想集团在进行海外市场竞争之前，没有贸然投资、创建自己的销售渠道和搭建关系，而是通过借力的方式"曲线救国"，在寻找到合适的合作伙伴之后，为快速打开海外市场奠定基础，直至最终取得成功。

10. 价值战略

企业的价值战略是指对企业的有形资产和无形资产的价值进行准确的市场评价。企业价值不是企业的利润，而是企业全部资产的市场价值中所创造价值的一部分，其具有多种不同的表现形式，比如账面价值、市场价值、评估价值、清算价值、拍卖价值等，每一种价值形式都有其不同的战略意义。

第一种形式：账面价值

所谓账面价值是以会计的历史成本原则为计量依据，按照权责发生制的要求来确认企业价值。所以，账面价值可以直接根据企业的报表资料取得，但较易被企业管理当局所操纵，所以企业在实施价值战略中，运用账面价值时，要密切关注企业的人为因素。

第二种形式：内涵价值

内涵价值是企业预期未来现金流收益，以适当的折现率折现的现值。由于大多数因素取决于专业人士的职业判断，所以企业在价值战略中，运用内涵价值时需要设定一些假设条件，比如现金流收益按比例增长或固定不变等。

第三种形式：市场价值

市场价值是指当企业在市场上出售时所能够取得的价格。市场价值取决于市场的供需状况，但由于人们的主观因素、市场信息不完全对等等诸多因素的影响，市场价值很容易与内涵价值之间产生偏差，因此如何准确地判断企业内涵价值，是企业运用价值战略过程中的关键问题。

第四种形式：清算价值

清算价值是指企业由于破产清算或其他原因，在一定期限内将企业或资产变现的金额。企业清算时，以变现速度快、收入高为原则，运作时既可整体出售企业，也可拆零出售单项资产，这是企业运用价值战略时不可忽视的问题。

第五种形式：重置价值

重置价值是指在市场上重新建立与之同等规模、技术水平、生产能力的企业所需要花费的成本。在重置过程中，根据企业各项资产的特性，分别估算出各项资产重置的必要成本，再扣除企业的各种损耗，从而得出企业最终的重置价值。其中需要注意的是，资产的各种损耗应包括资产有形损耗和无形损耗。

第六种形式：风险价值

风险价值是企业基于资源能力能够产生，但成功度不确定的新业务及其价值。比如，重庆啤酒按2011年12月收盘价计算整体市值为286亿元，而其业务按当年净利润的20~25倍估值在32亿~40亿元。为什么它的市值会这么高？这主要是因为重庆啤酒同时在研发未经临床诊断检验的乙肝疫苗，而这个举措令重庆啤酒股价一路暴增30多倍。即便后期由于乙肝疫苗临床检验不成功，又导致股价暴跌，但这就是企业风险价值所导致的现象。

综上所述，成功的价值战略要具有长远性、整体性和协同性三大特征。一是企业的价值战略，要能够帮助企业实现长远目标和保证长期利益的最大化。二是企业的价值战略要以能够提高企业的整体优化程度，为企业创造长远的、持续的总体战略价值为目的。三是企业的价值战略要能够让处于不同层次上的战略之间互相作用，产生"1+1>2"的综合效益。

智慧锦囊

为了在激烈的市场竞争中赢得主动，很多企业的战略定位在不断变化中，商业模式也随之发生变化，而企业的竞争优势、利润来源等都依托于战略蓝图下的商业模式。所以，分析基于战略蓝图的商业模式有着非常重要的意义。

第九章

趋势瞭望：
探寻新业态与新的商业模式

商业模式的发展需要驱动力，只有及时发现企业商业逻辑中的不足与问题，优化商业逻辑，不断探寻新业态，从而形成新的驱动力，企业才可以获得跨越性的发展，这就是商业模式创新的重要意义。否则，在不断变化的市场行情和激烈的竞争中，企业的发展便会遭遇瓶颈。

1. 众筹：商业与非商业的中间地带

"众筹"一词是从国外翻译过来的，又叫大众筹资或群众筹资，参与者由三方组成，包括发起人、支持者和平台。其中，发起人，即有创造能力但缺乏资金的人；支持者，即有资金，且对发起人的项目和回报感兴趣的人；平台，是连接发起人和支持者回报的互联网终端。众筹主要具有4个特点：一是参与门槛比较低。对发起人和支持者的身份、地位、职业、年龄、性别等都没有什么限制，只要有创意和创造能力都可以发起众筹项目。二是形式丰富多样。众筹的内容很丰富，类别涉及设计、科技、音乐、影视、食品、漫画、出版、游戏、摄影等领域，此外还包括灾害重建、民间集资、竞选活动、创业募资、艺术创作、自由软件、设计发明、科学研究以及公共专案等。三是项目强调创意。创意必须达到一定的认可程度，必须提交一些相关的资料，比如设计图、策划方案和成品等，通过平台的审核之后，具有一定的可操作性和落地性，才可以达到众筹的条件。四是依靠支持者的力量。众筹项目的支持者涉及各行各业的人，可能是普通的老百姓，也可能是公司、企业的精英，或者是专业的风险投资人等。

3W 咖啡就是国内一个典型的众筹案例，它是由中国互联网行业创业家、领军企业家、投资人组成的一个人脉圈层，进行公司化的运营，业务包含天使投资、俱乐部、企业公关、会议组织和咖啡厅等，互联网从业人员可以在这里享受一个集专业、休闲和交流为一体的平台和场所。3W 咖啡筹备期间向社会公众进行资金募集，每个人 10 股，每股 6000 元，相当于一个人可认购 6 万元。很快，这种独特的模式吸引了一大批知名的创业者、投资人、企业高管纷纷参与，其中很多人都是家喻户晓的行业精英，阵容非常高端。就这样，3W 咖啡迅速引爆，几乎每个城市都出现了众筹式的 3W 咖啡。以创业咖啡为契机，3W 很快将品牌衍生到了创业孵化器等领域。

案例中的 3W 咖啡助力互联网行业的那些未来之星，打造了一个集思想交流、合作互助为一体的会员圈子。而罗振宇则用众筹模式证明了它在内容生产和社群运营方面的潜力，彻底颠覆了媒体的形态。由罗振宇创立的知识付费自媒体节目《罗辑思维》的专业内容由运营团队和热心粉丝共同确定，用的是"知识众筹"形式，因为主讲人罗振宇认为，自己虽然读书很多，但毕竟有所局限，需要找来各自领域的权威人士一起来做这件事情。这些知识众筹的参与者叫知识助理，每周五为节目策划选题。比如一个人民大学的知识助理，因为对历史有着很深入的了解和研究，所以他在历史题材的制作上作出了很大的贡献，受到了粉丝的追捧。

目前，《罗辑思维》微信粉丝有 150 余万人，每期视频点击量均过百万。但众筹不是捐款，它是商业与非商业之间的一个中间地带，支持者的所有支持一定要设有相应的回报。比如《罗辑思维》为大家众筹知识之后，就可以收会员费，不是会员就听不了这个节目。粉丝虽然付了会员费，但是却因此而得到一个自己喜欢的自媒体节目。而罗振宇靠着粉丝众筹的资助和帮助，不仅摆脱了传统媒体的层层审批和言论封闭的现实，把知识很好地进行了变现，还能从事自媒体行业，既做好自己想做的事情，也赚到了钱，可以说非常成功。

2. 众包：众包模式的便利与争议

众包是指公司把本该由员工完成的工作任务，通过自由自愿的方式承包给公司之外的一些其他人员来完成的做法，通常来说承包众包任务的都是以个人形式进行参与。这种形式的建立有一个原则，那就是每个人都拥有有价值的知识或才华，每个人之间都是平等的。但这种众包的形式，与外包二者之间有着非常明显的区别。外包是一种雇佣关系，强调的是能够专业化、标准化地完成任务。而众包是一种吸引的关系，通过相关的任务，吸引一些优秀的人自愿参与进来，强调的是创新、创意和开拓性地完成任务，这是两种完全不同的概念。

现如今，由个体用户积极参与而获得成功的商业案例不胜枚举，比如美国加州伯克利大学的分布式计算项目,这个项目通过众包的模式,调动了成千上万台位于世界各地的个人电脑,通过众包的形式,让这些个人电脑的闲置计算能力得到利用。此外,还有这些也是通过众包形式而运营的组织案例:由群体创作的维基百科;韩国著名的"群众媒体"Ohmy News,有4.1万名记者、70万名读者;标致汽车举办的标致设计大赛,发动全世界的人一起来设计自己梦想中的汽车,2005年的获奖作品Moovie出自一名23岁的葡萄牙学生之手;宝马在德国开设了自己的客户创新实验室,为用户提供的在线工具帮助他们参与宝马汽车的设计;拥有丰富美术作品的不列颠泰特美术馆,让参观者自己为展品写讲解说明,被选中的将制作成标签展出在美术巨作旁边;宜家通过举办"天才设计"大赛,吸引顾客参加多媒体家居方案的设计,得奖者除了会获得数目可观的奖金,其作品还将被投入生产和市场;阿迪达斯的粉丝不仅可以加工他们自己设计的跑鞋,还可以放到eBay上出售。

从上面的案例中我们可以了解到,众包模式具有不可替代的便利性,即可以通过相关的平台,让企业与网络大众产生合作关系,利用大众的智慧,降低企业人力资源成本,让创新变得可以随时随地发生,非常便利,最终能够真正生产和制造出符合消费者期望的产品和服务。

网络大众之所以会积极参与众包,其动机是多种多样的:有的是因为现实的物质需求,希望能够得到相应的报酬,或者大众的认可;有的是为了实现自身的精神追求和喜好,通过众包的参与可以体现自己的价值,获得心理上的满足;有的是为了从中学习更多新的技能与知识,认识不同领域的精英和人才，进而实现自我能力和水平的提升等。但是，企业运用众包模式，除了带来一定的便利性之外，也存在一些具有争议的现象。因为众包模式中企业和参与的网络民众是这个模式的受益者，都可以从中获得自己想要的东西，这个优点曾经一度得到企业和学术界的认可。在众包模式中，网络参与民众一直是重点研究对象，人们一直都在积极尝试着更好地激发他们的积极性和创造力，但是对于企业内部的员工却有所忽视。

如果从企业内部员工的视角来看待众包模式，还存在很多问题：一是对企业员工的工作投入热情有所影响。二是不利于企业核心技术的保密，一些企业员工也会利用自己掌握的企业核心技术去参与同行业其他企业的众包任务，这样就会涉及企业核心技术如何保密的问题。三是员工没有了安全感。众包让知识输出打破了组织的边界，大众智慧对从事传统的研究、设计和开发型的企业产生了重大影响，这也让这些企业的员工无法安心工作，导致员工的幸福感降低、创造力减少等。由此可见，在这个知识经济时代，众包模式的推行对企业内部员工管理会带来一定的争议。

3. 共享：一种不同于租赁的新模式

共享的意思是共同分享，而通过一定的方式能够将一件物品、资讯、信息、产权等的知情权和使用权与其他人共同分享的模式，就叫共享模式。在共享模式中，强调的是使用权，而不是所有权，这种模式能够将公众闲置资源通过社会化平台与他人共同分享，进而获得收入。2016年，随着共享单车的兴起，共享这种商业模式开始不断发展壮大起来，涉及共享单车、共享汽车、共享雨伞、共享充电宝等领域，能共享的新事物层出不穷，不断刷新着人们的想象力。

站在消费者角度来说，通过共享来使用物品，是需要支付押金和使用期间的使用费的，这与租用某个物品的花费形式十分相似。那么共享也是租赁吗？共享并不等于租赁，二者从商业价值本质上来看，有着明显的区别。共享模式的前提是能够盘活闲置资源，有偿与他人分享，最终的目的是提升社会资源的利用效率。而租赁模式则不同，是在规定时间内，出租人将自己所拥有的某种物品交与承租人使用，承租人由此获得在一段时期内使用该物品的权利，但物品的所有权仍保留在出租人手中。我们先来看几个共享模式的国际典型案例：

爱彼迎是共享模式的领军者，无论租客想要租单间还是整栋楼房，其都可以为租客提供多种住宿选择，而且房间的价格要比酒店宾馆的价格低很多。因为爱彼迎手里有很多房间的提供者，他们大多都是一些高端群体，租客在上面可以轻松找到性价比很高的房源；Campspace——Campsapace是一个野营营地共享平台，如果你喜欢野营，在这个平台上可以找到上千个可以共享的小花园，价格实惠且安静，是理想的野营场地选择，而不用自己再费时费力地去寻找；而Love Home Swap这个平台是专门进行房间交换的平台，两个房主可以通过这个平台交换一个星期的房屋居住，对于经常奔波于两地的人来说，可以节省很多住宿的费用；HUMM则是一个私人衣橱共享平台，用户可以租借服装、箱包和鞋等日常穿戴用品，参与的大多是爱美人士、名牌服饰爱好者和时尚达人。

在这些案例中，可以从平台、业务模型、资产、网络效应和市场趋势这5个维度，找出共享模式与租赁模式之间的差异：一是共享模式必须有中间平台出现，平台可以连接需求双方，可以为双方提供撮合和交易服务，平台可以从中赚取服务费、中介费，以及流量带来的广告收入。二是共享模式是用户对用户的模式，这是共享的本质。但租赁则大多是商家提供服务或出让物品的使用权，一般由公司主导参与，是商业行为，谈不上共享。三是共享是非常轻资产的模式，平台不占有任何物品、服务的所有权，可谓一本万利。而租赁则是非常重资产的模式，由前期投入、中期运营、后期维护带来的成本非常惊人，二者在这方面的区别非常大。四是在共享模式中的供给端有很多，这会提升需求端的体验，进而吸引更多的需求端参与进来。而因为有了更多需求端的参与，又会刺激更多供给端的增加，从而形成"雪球效应"。而租赁模式则没有这么明显的刺激和循环效果。五是共享模式因为"雪球效应"的存在，很容易形成共赢的局面，但租赁模式却无法保证能够做到这一点。

4. 团购：人+人=不可思议的商业力量

团购顾名思义即团体性购物，是一种基于互联网而存在的商业模式。购买方集合足够的人数之后，可以用最优惠的价格购买第三方的商品、优惠券或服务。而中间提供技术支持的平台，可以从中收取一定的佣金，商家凭借薄利多销的原理，也可以从中获得可观的利润。团购模式的存在，就是让每一个普通的消费者能够轻松找到最优惠的商品，大家共享商家物美价廉的服务。

闪团网曾推出过"团购 99 份温暖"活动，主题是为宁夏西海固学生募集过冬的棉衣裤。每个参与的人通过这个活动，可以向宁夏西海固关桥中学学生捐献一件保暖冬衣，同时还可以获得 1 元的返利。平台为热心公益的人们提供了一个献爱心的渠道，可以引导社会各界积极投身公益活动。这个团购活动推出之后，让一直以来"贪便宜"的商业行为提升到了做公益的新高度，深刻挖掘出了团购的社会价值，即汇聚众人的力量来做意义更深远的事情。

此外，淘宝网聚划算也曾推出过"小车大折扣，7 折团购 200 辆奔驰 SMART 汽车"的团购活动，这个活动持续了 20 多天，原价 17.6 万元的

SMART硬顶-style版，通过这个活动让消费者以7.7折13.5万元的价格入手，这是国内能够买到的最便宜的SMART，每个参与团购的消费者，只需要在活动页面支付999元定金，就可以预订到心仪的座驾，活动当天200辆奔驰SMART汽车就迅速地被一抢而光。

在以上案例中，我们可以看到团购模式因为"人+人"的形式，因为人多力量大、人多需求多，产生了不可思议的商业力量。总结起来，团购模式具有以下几个非常明显的优势：一是团购的价格始终低于产品市场最低零售价，这一点非常具有诱惑力。二是团购并不是因为便宜就不讲品质，团购的产品质量和服务因为有平台的存在，能够得到有效的保证，消费者可以很放心地参与，不怕买到假货和伪劣产品。三是通过团购，可以将原先的分散性购买变成大宗购买，所以同样的产品才能享受最低的价格和更优势的服务。四是参加团购并不是盲目跟风的无脑式购买，而是可以通过评论、销量等情况对产品进行更加直观和真实的了解，包括规格、性能、实用性、价格等方面，让参与者在整个团购的过程中都能够保持主动，从而买到质量过硬、服务优质、价格实惠的产品，真正达到省钱、省时、省力的消费目的。

团购需要有团长、团员和商家这三方的参与，参与形式根据各自在团购阶段中发起的动作不同，其身份角色也会相应不同。参与形式主要有三种：一种是开团，开团者就是团长，是团购的组织方。一种是跟团，跟团者就是团员，是参加团购的主力。除此之外，还有提供商品的一方，叫商家。团购的整个流程中这三方少了谁也无法进行，首先，团长确定好开团的商品或服务，然后确定团购商品品牌、型号、团购价格、参与人数等重要环节。其次，团长通过发布信息的方式，开始召集团员。有时候为了团购的有效进行，团长会要求团员交纳一定数量的订金。最后，当团员参与人数达到了团购的要求之后，团长就会向商家组织统一购买。在这个过程中，团员不用接触商家，也不需要讨价还价。如果团员的人数没有达到团购的要求，那么团购就会失败，团长要么找自己的亲戚朋友来补齐人数，要么就退订金给团员。

5. 定制：与众不同的个性化需求

定制的本质就是为有特定需求的客户量身设计和打造。对于企业来说，定制化生产可以带来很明显的优势。一方面，可以提高产品和服务的市场竞争力，避免同质化的竞争，更好、更精准地满足客户的个性化需求，让消费者能够享受到独有的产品体验，提高产品和服务的附加值，进而增加企业的利润。另一方面，企业可以在产品的策划和设计环节就吸引消费者参与其中，能够及时掌握他们的需求变化和意向，可以大大提升他们对产品的满意程度，让用户与企业、产品的关系更加深刻。最后，因为定制是针对需求专门进行生产，在生产的过程中已经有了购买者，可以以需定产，不会产生库存积压的困扰，从而降低企业的生产成本。

随着定制模式的不断广泛应用，定制的内容越来越丰富，出现了定制服装、定制鞋子、定制礼品、定制珠宝、定制水果蔬菜等，极大地满足了人们追求个性和品质的心理，让消费者实现了个性化的消费。

在某国际定制品牌中，有一个经营皮鞋定制业务的工作室，其非常尊重消费者的个性与喜好，设计师在接到定制的订单后，会对消费者进行深入了解，包括其身份、从事的职业、生活的环境，以及经常出入的场合等，这样可以帮助设计师更好地了解皮鞋的使用场景，更好地满足定制消费者生理、心理、社会、精神等多个层面的需求。所以，他们的目标客户都是一些高端人士、社会名流、政商界的成功人士等。因为这些人非常注重个人形象的维护、穿着品位的体现，普通的鞋子无法达到他们的要求，所以才有定制的需求，从而催生出了定制模式。

案例中，皮鞋定制工作室在定制的过程中，并不只是关注定制者的脚，而是对消费者进行全面的考虑，尽可能地满足消费者的个性与尊贵需求，这样定制出来的鞋子，具有不可复制性，是独一无二的，所以深受定制客户的喜爱。这种皮鞋的魅力就在于，从预约量脚到设计师设计，从制楦工匠至制革工匠，从制鞋手工艺人以至最后的质检师，每一个客户享受到的都是一个制作团队为其服务，是点对点式的，非常贴合用户的个人品位、创意和需求。而且在随后的200多道工序中，无不蕴含着科技、工艺、文化的魅力，每个环节都精益求精，而这一点也是令定制者十分痴迷和认可的。而且案例中的定制模式非常人性化，根据定制方案，定制工作室会先做出一款试穿鞋，让消费者上脚试穿体验一段时间，消费者穿着体验一段时间之后，工作室再对试穿鞋不断进行修改和改良，然后再进行正式的生产与制作，直到客户满意为止。

在产品同质化严重的今天，定制化的产品和服务可以增强企业与客户之间的连接强度。因为，随着企业用户基数的扩大，不同用户的需求也开始变得多样化，针对不同的用户群通过定制提供更为精准的产品和服务，可以大大提升客户黏性，使企业在市场竞争中胜出。美国对于定制模式进行了预测，个性定制在改变未来的十大科技中被排在首位，因为市场趋势已经发生了深刻的变化，随着经济的不断发展，消费者对产品的需求在不断分化，价值观的差别也越来越大，所以，对其个性化需求的满足势必成为未来商家关注的重点。

6. 体验：虚拟服务类产品的生意经

虚拟体验商业模式，是指为用户提供虚拟体验产品的服务项目的模式。作为一种新型的商业模式，它具有虚拟性、非排他性的特点，可以加强用户对实际产品的印象和认知，在具体应用中具有多种表现形式。一般情况下，可分为两大类：一类是纯网络上的虚拟体验，这是新型网络经济的重要形式。另一类是实体产品的虚拟体验，是在虚拟体验的影响和推动下，实体经济形态借助虚拟体验服务模式为用户提供的仿真营销服务，是一种扩展、延伸和补充。

近几年来，旅游业的虚拟体验业务发展十分火爆，这种体验模式是在虚拟现实系统中进行旅游的一种全新的旅游体验。旅游者只需要一台电脑就可以在一个可以交互的旅游景点，轻松地享受在现实旅游中的大部分旅游内容的体验。这种虚拟旅游建立在实际的旅游景点基础上，通过构建一个虚拟的环境，让旅游者能够如同身临其境般进行虚拟旅游活动。现阶段，我国国内的虚拟旅游体验一般集中在旅游景点的相关知识和信息介绍上，旅游者只要用鼠标单击相关的景观，就会呈现出图形、文字、视频、动画等形式的介绍，从而获得非常逼真的旅游体验，让旅游者能够获得理性、感性相结合的旅游感受。

案例中的虚拟服务类产品体验的案例属于第一类，在国内还是起步阶段，而国外的虚拟体验旅游模式则已经非常成熟和完善。在网络导游的带领下，旅游者可以看到自己想看的任何景区，不仅可以进行360°的欣赏，还可以选择自己喜欢的身份进行游览，比如公主、将军、侍卫等，感受穿越时空的历史文化。每到一处，导游都会对重要的文物或建筑加以说明，游客甚至可以查看文物的细部特征，且不受时间的限制，可以以自己的节奏进行游览。最后，旅游者还可以单击鼠标，让网络中的自己与景点进行拍照，进而获得心理上的满足。

虚拟服务类产品的体验之所以能够应用，并且得到消费者的认可，其本质是来自马斯洛需求层次理论。因为，人们的选择和行为是一个动态的过程，会随着需求的变化而变化，所以不同的需求会产生不同的选择和行为。而虚拟服务类产品的体验，不仅可以很好地满足用户生理上的需求，也可以让用户得到自我实现，这主要体现在以下四个方面：一是好奇心的驱使。用户始终对新鲜的事物有兴趣和好奇心，在这种心理的驱动下，通过虚拟体验可以很好地满足用户的这一心理。二是客户情感需求。用户积极参与体验的服务类产品都具有情感性、品位性和文化性的特点，这些都是虚拟体验模式的重要发展动力。三是虚拟体验通常情况下只借助计算机软件就可以实现，成本十分低廉，且容易形成规模经济，这对于传统的实体经济来说是一种很好的拓展。四是信息技术的高速发展，为虚拟服务类产品的体验提供了强大的技术支持，这也是虚拟服务类产品体验模式发展的根本驱动力。

第二类实体产品的虚拟体验形式以线下体验店为主，这种体验店可分为两种：一种是可以销售产品，另一种是纯粹的产品体验。体验店以展示新产品、新服务为主，定期举办与目标客户和消费者的互动活动，让消费者和目标客户进一步体验产品，深入感知产品的价值和功能，从而对产品的品质、印象建立起初步的认知。而且，在体验的过程中，消费者与目标客户还可以很直观地体验到企业的文化，享受更专业、更人性化和更标准化的服务，在此过程中可以感知企业的一些软实力，对企业的产品建立信任感。此外，在目标客户和消费者体验产品的过程中，企业还可以收集他们的意见，挖掘其潜在的需求，进而对产品进行升级和改良，最终让消费者和用户对产品更加满意。

7. 免费：给A提供服务由B买单

给A提供服务由B买单，让直接顾客少花钱或不花钱，这便是时下流行的"免费模式"。即企业通过免费的方式，成功吸引到足够的客源，然后将其导流给第三方，从中赚取收益，这就是著名的"羊毛出在猪身上，狗来买单"。

电台在诞生之前，主业是卖收音机的，这个收音机只能收听这一个电台的节目。如果观众想多听几个电台，那就要多买几个收音机。后来，随着信息技术的进步，这个技术被破解了，电台才改变了自己的盈利模式。虽然对于听众来说，听电台节目是不花钱的消遣方式，但是对于电台来说，它们不会白白去做节目，而是要从中赚取利益，而为此买单的就是那些广告商，电台收取广告商的广告费，然后广告商向消费者销售自己的产品，消费者购买后，广告商就赚回了自己的成本以及付给电台的广告费用，这就是电台的"羊毛"出现在听众身上，却由广告商来买单的模式。从电台开始，电视、网络等传播媒介，一直秉承着这种盈利模式。

只是现如今，随着经济的不断发展，这种免费模式已经被商家运用得越来越高深。比如，一些打车、外卖等服务类App，在运营初期，为了吸引用户，会进行大幅度的平台补贴，用户在这些平台消费可以享受到最便利、最优惠的折扣，这种倒贴钱的形式，表面上看是商家脑子坏了，不会算账，连基本的获客成本都不知道。但是用免费模式分析一下就明白，通过这种方式吸引平台的流量，相比广告成本要划算得多，所以，倒贴钱补贴不过是一种隐性的广告效应。

此外，在线下的一些实体经济形态也在广泛运用这种免费模式，日本的海运业务就是一个很好的证明。如果你想托运货物到日本，海运公司不仅不会收你的费用，还会倒贴一部分钱给你。这种免费看起来非常荒谬，其实有它一定的逻辑在里边。因为，整个海运流程下来，不是只有海运费这一项支出，还有保险费用、码头操作费等方面的费用，在这些费用上海运公司就可以导入第三方参与，从中得到自己想要的利润，所以他们才把海运费舍出去用于吸引客户。

但是，企业在运用这种免费模式时，要注意遵循3个原则，否则很有可能适得其反。一是资源要优化组合。免费模式并不是真正的免费，而是通过其他的产品和服务来填补这个利润空缺。否则不仅不会赚大钱，还会让自己赔得血本无归。比如一家餐饮店的老板，采用免费模式经营，刚开始时生意十分火爆，但是还不到一个月就破产了，这是为什么呢？因为他没有从其他的产品或服务中找回自己应得的利润，而是白白地把东西赠送出去，显然这样做只会让自己的餐饮店陷入困境。二是要找到双赢的渠道。免费模式要让消费者和企业都从中受益才算是应用成功。对于客户来说，可以免费获得某个产品或服务，而企业也可以通过这个模式实现精准引流，节省了作广告推广的费用。所以，商家要找到可以实现双赢的渠道，而不是站在消费者的对立面，他们获益，自己就要受损失，这样的免费模式是无法持续应用下去的。三是掌握用户痛点。企业运用免费模式必须要让自己免费赠送的东西有吸引力，是目标消费者所需求的。如果不能成功引起目标消费者的兴趣，那么就无法把这个免费模式运用成功。比如一家西餐厅，在运用免费模式时，通常只会让一些小菜免费，但是如果遇到像端午节、中秋节这样的重大节日，不仅给客户送粽子、月饼，一些主菜也会免费，这样消费者在和亲人团聚的时刻，就不用再买粽子或月饼，与此同时还可以享受到用餐实惠，多重好处的叠加，消费者自然会很心动。所以，在运用免费模式时，要掌握好用户的痛点。

8. 直播：三次元的新商业模式

电商直播是一种全新的购物方式和全新的商业模式，被认为是"人肉聚划算"、"值得买"和"拼多多"等爆款低价模式的组合，它升级了人、货、场之间的关系，打造出一个高性价比、高效率的新的商业模式，可实现平台、商家、主播、用户这4个参与主体的共赢。

2019年12月12日晚，为了帮助贫困县农产品销售，高晓松、李佳琦在淘宝平台进行公益直播。在直播的过程中，高晓松竟然涂起了口红，与李佳琦的狗进行互动，一时间，这场直播的微博话题阅读量高达2.5亿次。直播当晚，内蒙古扎赉特20万千克大米在5秒内售空，12万袋康保燕麦面7秒售空，5万罐安徽金寨山核桃5秒售空，预计带动三地1114户贫困户共计增收439万元。

这是2019年直播带货模式爆火之后，一场战绩完美的公益直播。此后，"直播+"成为电商新常态，"直播+文化""直播+服务""直播+旅游"等模式都开始出现。此外，直播也趋向于更加日常化、生活化，在直播的过程中则更加强调动态、实时、互联网用户的参与度以及直播的关注度。

由此可见，仅仅通过文字、图片、视频等方式进行单向输出，已经无法满足用户感受和体验产品的需求。而直播不仅能够给用户带来更加真实、立体的实时信息，还可以实现双向传送，进而催生出全新的商业模式，极大地改变了传统的企业经营模式。直播这种全新的商业模式其盈利形式可分为4种类型。一是粉丝经济模式。在此类模式中，不同于视频广告以流量或点击量来计算广告收入，主播们在直播的过程中是通过粉丝的打赏来获得分成的，高人气就会获得高分成。二是电商模式。对视频实时的直播，可以将产品的直观形象、使用效果呈现出来，相比传统的视频、图文形式更加真实和清晰，能够很好地打通线上和线下的壁垒，即便是在网络上购买，也会获得与线下购买一样的体验。三是会员模式。通过直播优秀而稀缺的内容，让用户交纳会员费进而达到盈利的目的，这种模式在游戏、教育等平台较为常见。四是增值服务。在直播的过程中，通过一些专属特权、虚拟道具的购买，增加平台和主播的收益。比如在游戏直播平台中，可以售卖虚拟道具、皮肤、服饰和武器等。

综上所述，随着直播技术的不断趋于成熟，直播模式将是所有内容性产品的标配，不管是门户网站的应用，还是资讯类的应用，抑或是垂直社交的应用，都会提供直播模式。因为直播是所有做信息传播的产品一定要具备的功能。未来的直播模式的发展将体现出以下几个发展特点。

（1）广告植入

在直播中进行广告植入，这会是直播模式的一种主要的变现手段。但是广告会更加具有隐蔽性，比如会设计在道具之中，类似必胜客曾在QQ农场玩的优惠券广告等这样的形式，做到既能满足广告主的宣传诉求，又能促进品牌的传播与推广；既能契合广告产品的特点，又能激发消费者对品牌的回头率。

（2）新技术运用

在未来的直播模式中，新技术的运用，将会给消费者带来全新的直播观看体验。比如当前最新的VR技术，可以跨越时空，通过虚拟网络直播，还原一个近乎真实的场景。

（3）专属服务

现在各大直播平台都采用全民直播、免费注册的策略来积累和沉淀用户，到后期很可能会推出特别专属服务，部分主播将不再面向所有用户，而是可能会推出会员制，只对专属会员提供专属直播服务。

9. "消费者+股东"：股东制俱乐部

现如今，不管是哪种商业模式，如果企业在生产和经营的过程中，能够与客户长期保持良好而牢固的关系，那这一定是一种非常成功的商业模式，因为，体现客户的价值是企业实现生存、盈利和可持续发展的关键所在。所以，如何不断挖掘客户的价值，使其成为长久、忠诚的消费者，成为企业的终身客户，是一个非常关键的问题。而"消费者＋股东"的商业模式，则可以很好地做到这一点。

M1NT俱乐部是伦敦最豪华的俱乐部，它不仅是一家股东制俱乐部，而且将私人会所、酒吧、屋顶露台和全球顶级餐厅融合为一体，可以为股东提供注重隐私又极其豪奢的生活享受。M1NT的商业模式的特点就是富豪股东们在这里消费的同时，也能够赚钱，而且消费得越多，赚得也越多。这个模式非常新颖，对于有钱人来说，这当然是一个投资和消费的好去处。在这家俱乐部里，普通会员与股东有着完全不同的待遇，想拥有普通会员的身份只需要交纳会员费就可以，但是如果想成为股东的话，那么除了有钱之外，还要有一定的社会影响力，才能够享受俱乐部提供的各种高端服务，且不用再交纳任何的费用。而且，这家俱乐部还要求股东成员和会员必须是本地人。除此之外，成为俱乐部的股东后还可以快速享受到分红回报，一般来说，入股第二年就可以分红，红利一般就是 7%~11%。

案例中的股东，也可以叫作股东消费者，只需通过一定金额的消费，就能成为企业的"股东"，消费者不再是单一的消费者，而是公司的投资者、经营者。这种新颖的商业模式，可以为企业吸引更多的消费者进行消费，从而增加企业的"自然吸引力"，为企业与顾客建立良好的客户关系奠定基础。也就是说，参与这种模式的人群可以同时拥有 3 个身份，分别是消费者、投资者（股东）、经营管理者，所享受的权益大于普通的消费者或投资者，可以用股东的身份，拥有参与企业的重大决策、资产收益等权利，同时可以对企业的经营、生产、物流和管理等领域进行监督，还有拓展、建议的责任和义务。由此可见，"消费者＋股东"模式，为消费者提供了更加丰富的发展空间。

"消费者＋股东"模式的最终目的是让企业与消费者建立起一种自然的更亲近的情感关系，因为长期优质的顾客关系是企业利润的重要来源。而这种关系是以相互的信任和尊重为基础的，在双向沟通中形成的"相互依存"的感觉。此外，在推行这种模式之前，要对消费者的需求进行全面的了解，掌握消费者追求的利益期望值，进而避免在提供产品或服务时产生偏差，不能武断地制定"消费者股东"的准入标准，而是要在尊重消费者自由消费意愿的基础上，给他们提供一个可选择的权利。一般情况下，这种"消费者＋股东"的商业模式比较适合大型商业零售企业，否则发挥不出拉动消费的作用。

智慧锦囊

消费者在购买企业的产品时，从消费行为变为投资行为，间隔一定的时期，企业会把利润所得按比例返还给消费者，让消费者不再只是单纯地消费，而是把消费变成一种参与企业运营和储蓄的行为。

第十章

革新重塑：
打破商业模式的生命周期

苹果公司推出 iPod 后，获得了极大的成功，这得益于苹果公司对其自身商业模式进行了重塑，把新技术与卓越的商业模式结合在一起，为客户提供了前所未有的便利。由此可见，企业对商业模式进行重塑可以打破商业模式的生命周期，改变整个行业的格局，这就是商业模式重塑的价值所在。

1. 商业模式的生命周期率

商业模式虽然是一种"模式",但是它并不是一成不变的,而是有自己的生命周期的,它会有一个从策划、持续优化再到最后的衰退的过程。在这个过程中,需要不断地创新与迭代。

(1)策划期

对于商业模式的策划期来说,是从创意到定案,直到企业开始应用的这个时间段。在这个时间段内主要有3个重要步骤:第一步,找准用户痛点。对于商业模式来说,能够成立的关键就是因为它可以解决用户的痛点,而不是着急如何赚钱、如何做大做强等。而用户的痛点又可以包括社会的痛点和行业的痛点两大类,比如婴儿奶粉、环境保护等问题。痛点就意味着商机,痛点解决得越彻底,商机就越大。第二步,明确价值主张。对于企业来说,无论是目标定位还是品牌打造,都离不开清晰的价值主张,所以企业要在策划期明确提出自己的价值主张,就是向社会承诺,向消费者承诺,企业能够解决什么问题。第三步,提出解决方案。解决方案是把企业的价值主张落实下来的方案,否则价值主张就是空谈。而解决方案主要围绕产品与服务、渠道与传播、交易结构和盈利方式等重点系统展开，具备这些，才能真正保证实现企业价值主张的解决方案可以落实到地。

（2）持续优化期

企业在应用商业模式的过程中，需要对商业模式不断进行优化。因为新设计的商业模式，必然存在很多不理想的地方，比如如何进一步增加盈利点、如何大幅度降低成本等。来看一下案例，中国市场上原来的汾煌可乐、非常可乐等品牌都做失败了，分析其原因，就在于它们没有优化自己的商业模式，而是直接一直参照可口可乐的商业模式，未能根据品牌自身的特性和外部环境的变化优化出一套适合自己、专属自己的商业模式。但是其他国家的公司做可乐却成功了，还做到了一定的规模并上市了。这是为什么呢？这是因为，这家公司对可乐公司的商业模式进行了优化，他们结合本国群众的饮食习惯，把可乐进行了改造，在原液的基础上，依据个人口味调制出多种口味以供选择，比如苹果味、草莓味等，而不是只有可乐一种味道。

（3）衰退期

商业模式并不是可以一直持续盈利的，因为时代一直在变化，市场环境在变化，竞争方式也在变化，这样就会导致企业的商业模式的衰退，导致企业的业绩持续下滑，在竞争中占不到上风。比如近些年，在互联网信息、网购与电子阅读的冲击下，实体书店出现了很大的经营瓶颈，很少再有人去书店买书，图书店也赚不到钱了。但有的图书店意识到了这样的问题之后便开始转型，通过其他业态的营收来弥补图书销售的亏损，从而达到书店的整体盈利。这些图书店一般都在显眼的地方用来展示手机等电子产品，其他的地方用来经营相关的文化类产品，比如眼镜、儿童玩具、文具、电子设备等，从经营图书转变为经营文化。所以，企业如果感觉自己的商业模式正在走向衰退期，可以尝试着对商业模式进行重构，否则落后的商业模式会拖垮你的企业。比如很多传统企业的商业模式，在生产制造方面存在着很大的弊端，因为不是直接接触和面对消费者，而是与中间商、零售商打交道，导致企业无法掌握消费者对产品的真实反馈、要求和建议，导致对市场的反应有一定的滞后性，而且这种模式不仅已经无法满足消费者个性化、定制化的消费需求，还造成很多人力、物力和财力上的浪费，而这些都将导致企业在竞争中时刻处于被动的地位，因此十分值得警惕。

2. 复制商业模式的利与弊

有的商业模式是可以复制的。一些非常成功的商业模式，比如戴尔公司的直销商业模式已经被复制到很多个国家，就是一个很好的可被复制的商业模式案例，但并不是所有的商业模式都可以复制。

一般情况下，商业模式的复制可分为两种类型，一种是内部的复制，另一种是外部的复制。对于前者来说，大多是像沃尔玛、家乐福、国美、苏宁等这样的大型公司，它们都具有规模经济和协同效应，能够通过内部的不断复制，快速发展壮大起来。比如沃尔玛超市之所以能够在20世纪70年代迅速崛起，关键在于它的商业模式极为稳定非常容易复制，直到今天，沃尔玛的广告语也是"便宜，天天平价"，这就是其成功的关键。另一种是外部复制，是指一些其他的企业向商业模式成功的企业取经和学习，希望自己的企业也能取得成功，这种复制除了同行业的复制，还包括跨界、跨行业的复制。相对而言，商业模式的内部复制比外部复制要容易些。

复制商业模式对于一些企业来说，确实是省时省力的好方法。因为复制的商业模式大多是经过实践考验和证明的，都是比较成功和优秀的。复制商业模式通常具有以下3个优势：一是复制优秀的商业模式，可以让企业快速找到独特的价值主张，而这种价值主张必然是非常领先和具有创意的想法，能给人耳目一新的感觉，能够将产品与服务的各种特性重新进行组合，从而向消费者提供更多的价值。例如，如家酒店的价格之所以如此便宜，就在于其进行降成本的运营，如家酒店是没有大堂的，也没有会议室，甚至一些城市的如家酒店，床下边都是没有地砖的。尽管把成本控制到了最低，但是酒店的卫生条件依旧是保质保量，其他基本设施也都一应俱全，可以保证客户能够睡个好觉。二是复制优秀的商业模式在一定的时期内，能够不被人模仿，可以通过产品和服务与众不同的特点，树立起企业自己的利润垄断圈。比如国内某阿胶品牌，每年它的产品都要提价，因为这个企业自己养驴，他们养驴的围栏数，占据了中国目前养驴数量的70%，牢牢控制着阿胶的上游资源，所以阿胶如何定价就是他们说了算。三是可复制的优秀的商业模式大多自身"底版"比较好，具有强大的生命力，能够在未来的一段时间内，不被市场竞争所淘汰。比如美国的空中食宿公司，其商业模式非常简单，只是为房屋所有者与个人旅行消费提供对接。以此为基础，很多公司复制这种商业模式之后，又不断对其进行业务拓展，从提供基本的食宿信息发展到为旅行者提供衣食住行等方面的信息，包括旅行保险、摄影、地理位置、景点信息、安全检查等业务，最终把自己的商业模式打造成了一个专为旅行者提供旅行全方位服务的C2C商业生态圈模式。

但是，对于一些不够成熟、结构不太清晰的商业模式，即便能够赚钱和盈利，也无法被成功复制。有些企业经营者，看到别的企业成功了，就想"一键复制粘贴"过来，这虽然可以省时省力，但是企业与企业之间也有很大的差别，如果只是单纯地复制，一定会给企业的健康发展留下隐患。所以，企业在复制其他商业模式时，还要结合企业的自身情况和优势，这样才能打造出适合企业自己的成功商业模式。

3. 革新：唤醒商业模式生命力

商业模式不断焕发生命力的秘诀，就是不断革新，只有如此，才能不断满足顾客价值和保持在市场竞争中的活力。这种革新涉及多个商业模式构成要素的变化，或要素间关系或者动力机制的变化。具体来说，需要进行革新的商业模式主要有以下3个共同特征。

（1）商业模式的创意是前所未有的

通过提供一个全新的产品或服务，提供前所未有的产品或服务，从而开拓出新的市场领域。比如面向穷人提供的小额贷款产品服务的 Grameen Bank，面向一无所有的人、家庭妇女等群体，开辟出一个全新的市场领域，其他银行都没有做过这件事情。再比如亚马逊平台，不单纯只是卖书，它与所有的图书零售商都不一样。还有美国西南航空的服务，虽然没有餐点，但是机票却是最便宜的，这也是其他航空公司没有做过的事情。

（2）商业模式中很多要素都与众不同

比如 Grameen Bank 没有沿袭普通商业银行提供贷款需要还款能力审核和担保的做法，而是把没有固定收入来源的贫穷的家庭妇女当作自己的目标客户，为其提供小额度的贷款，而且不需要抵押，也不需要担保。在亚马逊平台上买书，要比普通的图书零售商那里选择多，而且可以线上下单，物流迅速便捷。而美国西南航空公司不设头等舱，只有一种机型，只提供点对点的航空服务，非常直接。

（3）商业模式已经实现良好的盈利

在成本、盈利和竞争方面，如果商业模式已经有很好的表现，这样的商业模式才有持续革新的价值。比如 Grameen Bank 的商业模式，虽然只是为了占领市场，提高影响力，但是它的商业模式本身却是盈利的。亚马逊在一些传统绩效指标方面的表现也十分出色，这证明了商业模式不断革新的成功，所以它才会在短短几年之内，成为全世界最大的线上书店。此外，它丰富浩大的仓库存储、便捷的信用卡支付、24小时发货等服务，远远地把竞争对手甩在身后。美国西南航空公司的利润率一直处在同行业的领军地位，很多发达国家的航空公司也在学习他们的做法，也降低了一些短途航空服务的运营成本，且同样取得不俗的业绩。

但是，商业模式的革新过程中，要遵循3个重要的理念：一是革新不是凭空而来的，而是要围绕企业自身的基因和实际，才有可能有好的成效；二是革新要找到利润实现的方法和途径。三是作好迎接各种不确定性的心理准备。因为但凡商业模式的革新，都会涉及商业模式多个要素的调整，往往会带来产品、服务、工艺和流程等方面的变动，所以会产生各种不可预测的问题，甚至还会有风险现象的产生。反之，如果没有这种不确定性问题和现象的发生，那这样的商业模式也谈不上革新。

与此同时，在商业模式的革新开始之前，要有一个前提才能保证有效，那就是革新的切入点一定要瞄准某个利润点。很多行业从表面来看，都是能够产生暴利的行业，但是利润空间却很小，分布也不平均，所以商业模式的革新就是要能够找到这种突破点。比如如家酒店，没有宽敞的酒店环境，也没有可以泡澡的大浴缸，而且布置非常简约，但是却能够保证环境的干净整洁。把一些无效的投入都取消，全部集中到一张舒服的床上，让客户在每个城市都有一个简约干净的家，这就是如家酒店独特的商业价值创造方法。

4. 如何评估商业模式的环境

商业环境对于商业模式来说非常重要，因为任何的商业模式都需要在特定的商业环境中才能设计、运用和优化，所以说，只有对商业环境有深入的理解，才能构建起更加有竞争力的商业模式。在日益竞争激烈的市场环境中，对商业环境持续进行评估和关注至关重要，只有这样才能做好商业模式的更新与优化。

亚历山大·奥斯特瓦德曾提出了"商业环境评估四要素分析法"。这种分析法将商业环境中影响市场的因素、影响行业的因素、市场的重要趋势以及宏观经济的影响4个关键作为评估依据。其中，市场影响因素是对细分市场、需要和需求、市场问题、转换成本、收益吸引力等要素进行分析；行业影响因素是对供应商和其他价值链成员、利益相关者、现有的竞争者、潜在待进入的搅局者、替代性产品和服务等要素进行分析；市场的重要趋势因素是对技术趋势、监管法规趋势、社会和文化趋势、社会经济趋势等要素进行分析；宏观经济影响因素是对全球市场情况、资本市场、经济基础设施、商业和其他资源等要素进行分析。以电商平台小红书为例，我们进行一下商业环境评估。

小红书电商平台以"好物分享"的兴趣社区起家，创办于2013年，现如今已经拥有2.5亿用户，被誉为超级社区电商平台和"购物神器"。而小红书平台之所以能够受到消费者的喜欢，是因为其"高互动＋高真实性＋高好评"的商业模式，使其拥有其他平台无法复制的行业壁垒。在这个平台上，每天都有数十万条购物体验分享，大多都是真实的体验，这些内容汇聚成了对所有品牌来说最为宝贵的消费类口碑库，在这里，品牌方可以直接听到消费者最真实的反馈和体验。随着小红书电商平台的影响越来越广泛，它已经从专注服务于海购产品的平台，拓展为现如今用户规模庞大、内容方向广泛的平台。全面了解小红书电商平台的粉丝画像及商业环境，可以帮助品牌商家更高效地获取意向用户，促进自身产品的营销转化。

从市场的因素分析来看，小红书平台的用户群体大多为青、中年女性，具备中等消费能力，大多数来自二、三线城市，喜欢品质生活，对海外产品比较感兴趣，文化程度较高，是很多品牌非常看重的优势客户群体。

从行业的因素分析来看，随着消费升级的影响，很多女性都特别喜欢国外的一些化妆品品牌，有非常强烈的市场需求。但是海外代购、线下自建仓储、保税仓等模式都需耗费巨大成本，同时还频繁引发质量无法保障及假冒伪劣的问题，导致很多用户的吐槽与不满。而小红书平台却给了这些用户很多的参考与建议，并提供了很多可以放心购买的渠道，没有假货的困扰。

从市场的重要趋势因素分析来看，小红书平台的成功与内容社交的崛起分不开,通过用户自发种草的真实内容,以及一些意见领袖的引导,社区氛围非常活跃,进而促成最后的转化,形成"内容+社交+电商平台"的商业闭环。

从宏观经济影响因素分析来看,近年来,中国大幅度降低部分进口商品的关税、坚持更大力度的自主开放,向世界释放了中国扩大进口的积极信号,再加上相关政策举措纷纷落地,所有这些都促成了小红书平台这种商业模式的脱颖而出。据相关数据显示,2014—2018年,小红书平台先后获得真格基金、金沙江创投、腾讯领投及阿里领投的多轮融资,成为估值达30亿美元的新经济独角兽。

5. 商业模式创新伴随高风险

创新的商业模式是对传统商业模式的颠覆,是企业可持续发展的驱动力量。但在商业模式的创新过程中,也随时伴随着高风险。

国内某知名衬衣品牌曾被誉为"中国服装直销的领军品牌",但是作为开创者,它却曾被各大媒体批评,一度被推到舆论的风口浪尖上。先是被披露销售额与公开的10亿元收入不符,真实数额是只有2000万元左右。接着,这个衬衣品牌与自己的供应商之间的矛盾、纠纷也开始被挖掘出来,暗示这个品牌已经遇到了资金难题,钱已经被烧光,后继发展乏力。随后,这个衬衣品牌开始大甩卖,原来99元的衬衫和休闲裤,只卖29元,这些举措与这个品牌一直宣传的只有7天库存量不相符,可谓自己搬石头砸了自己的脚,而这一系列"破窗效应"的事件,都归因于这个品牌是服装界直销模式"第一个吃螃蟹的人"。

随后,其他知名服装品牌也开始在直销市场开疆拓土,纷纷组建好自己的直销团队,这些品牌凭借成熟的生产线和良好的质量口碑,分流了这个品牌很多线上渠道的顾客,衬衫直销的市场由此进入洗牌期,多重冲击一来,直接就把这个衬衣品牌打倒在地。

在这个品牌的商业模式创新中,由于扩张太快、摊子铺得过大、广告营销投入过高等原因,直接造成其运营资金吃紧,最终成为其最大的风险。

从这个案例中我们看到,商业模式的创新想要成功,其前提是要保证其能够可持续运营,特别是像案例中的衬衣品牌这样涉及流程环节比较多的企业,比如物流、库存、资金、运营等都要兼顾到。对于消费者来说,不管你是什么商业模式,他们只关心用合适的钱买到超值的衬衣,性价比最重要,否则再复杂、再花哨的商业模式都只能是泡沫。而案例中的衬衣品牌完全靠外包供应,对产品质量并不能完全把控,存在极大的风险。所以,再好的商业模式创新,也需要实实在在的内容和风险防控来作支撑。

有相关的学者认为,商业模式创新的基础是作好对风险管理的控制即风险预测和管控。作好了风险预测和管控方案,可以为企业节省大量的研发费用,通过系统有效的程序,用最少的资金,创造更加可观和满意的收益,而且这种创新并不需要投入太多。例如某个国家政府投入资金用于开发新型技术,希望通过新技术来振兴经济。但事实上,这些新技术对于这个国家来说却应用得并不多,他们更多的还是依靠天然气和石油作为支撑经济发展的主要力量,而且,这些新技术要用10—20年的时间才能达到商业化的用途,见效非常缓慢。但是因为这个国家的商业模式大多是落后而低效的,而这些创新的技术和商业模式如能开发成功,是能够有效刺激和提升国家的经济效率的,而且并不需要投入很多。通过对新技术开发所带来的风险评估和收益分析,不论是政府组织还是企业,准备好完备的应对方案,便能帮助自己作出更有效的决策。

综上所述,商业模式的创新不能过度被神化,因为有的创新可能会很好地创造价值,而有的商业模式也有可能是破坏价值。所以,企业要正视风险的存在。对于价值创造类的商业模式创新,成功的概率要高一些,但能否成功,还要看企业管理者的战略眼光,看企业内部的凝聚力、执行力,以及创新时机的选择等因素。而破坏类的商业模式创新,取决于商业模式的相对竞争优势,尤其是创新的过程充满陷阱,所以,企业的管理者要透过现象看本质,尽可能地去抵御那些"美好"的诱惑。

6. 商业模式创新中的行为准则

对于企业创新的界定,一般情况下要把生产条件和生产要素进行全新的结合,主要有5种主要的创新方式,分别是推出新的生产方法、开发出新产品、获得新原料来源、开辟新市场、采用新的产业组织形态。对于商业模式的创新来说，也不例外。

在经济形势发生变革的时代背景下，很多传统企业开始对商业模式的创新进行关注和重视，从根源上重新考虑企业赚钱的方式。但这种创新并不是随意进行的，而是遵守创新中的行为准则，这样有利于商业模式创新的成功，帮助企业获得核心竞争力。主要有以下3个准则。

（1）突出客户价值

商业模式的创新要多站在客户的角度思考，把更好地满足客户需求作为出发点和落脚点，根据客户需求来考虑如何更加有效地满足他，为客户创造更多的价值，这与技术创新有着根本的不同。虽然商业模式的创新有些会涉及技术创新，但其更注重经济和市场因素，而不是纯粹的技术特性。

深圳市某创新科技公司占据着全球70%的无人机市场份额，是全球领先的无人飞行器控制系统及无人机解决方案的研发和生产商，客户遍布全球100多个国家。这个公司商业模式的创新就是突出客户价值。众所周知，无人机在2016年之前，大多只用于军事、气象等专业领域，而将其广泛应用于商业领域还是第一次，这个公司生产的无人机给客户带来了很多的便利。因为之前的无人机价格昂贵，且操作比较复杂，专业性很强，而该公司的无人机则可以很好地满足客户需求，是一个"可以飞行的照相机"，可用于摄影、巡查、农田管理等多个领域，同时它的操作也非常简单，对普通用户而言十分具有吸引力，因此大大提升了客户价值。

（2）更系统化创新

商业模式的创新不可能只是单一元素的调整和变化，而是一种系统化的创新。比如谷歌公司察觉到大家对信息的获取方式已经发生变化，从桌面平台开始向移动平台转移，因此，意识到这一点的谷歌公司如果不对商业模式进行创新，就会逐渐在市场竞争中失去竞争力。于是，它就开始系统化进行商业模式创新，通过收购安卓移动平台操作系统和摩托罗拉手机，以此进军移动平台领域，彻底改变了自己的商业模式，由弱变强。IBM的商业模式创新也不例外，当这个公司意识到个人电脑市场已经没有什么利润空间的时候，马上对商业模式进行系统性的创新，在作了大规模调整之后，它开始进军IT服务和咨询业，同时扩展软件部门，一举改变了原有的商业模式，得到了前所未有的发展。此后的甲骨文、礼来、香港利丰和Facebook等公司，也是按照这个准则进行了商业模式的创新。

（3）提供全新产品或服务

企业商业模式的创新，如果能在原有基础上提供全新的产品或服务，那么就等于是开创了一个全新的盈利领域，而企业原有的产品和服务，也会给企业带来更加持久的盈利能力与竞争优势，且也很难被竞争对手所模仿。例如某国际知名电钻企业，就是根据用户需求提供全新的服务，重新挖掘和定义用户价值。最初这家电钻企业一直向建筑行业提供各类高端工业电钻，但随着市场竞争的激烈，公司的利润空间越来越小，于是不得不重新研究客户需求，经过分析后发现客户并不需要电钻，而是希望能够保质保量完成工程。于是，这家电钻企业不再大量生产和制造电钻，而是向这些用户提供电钻的出租、施工、维修和保养等一条龙的综合化管理服务，从硬件制造商变为服务提供商，更好地满足用户的需求，同时也改变了企业的商业模式。此外，戴尔、沃尔玛、道康宁等著名公司也是如此进行商业模式创新的。

智慧锦囊

当下，随着互联网的飞速发展，传统的商业竞争和规则都发生了变化，一些全新的商业实践形式不断涌出，使得一些全新的企业应运而生。这些企业，在很短的时间内就取得了快速的发展，很多都成功上市。而这些企业都有一个共同的特点，就是都对传统企业和商业模式带来了冲击。

附录：徐淼老师"商业模式语录"

1. 企业如果想更好地实现自身发展战略，适应社会发展的潮流，只有积极构建适合自己的商业模式，做到与时俱进，才能获得更加长足稳定的发展。

2. 只有确定自己的商业模式，才能在自己的客户眼中具有独一无二的价值，不为同行所超越。

3. 互联网在商业模式中的广泛应用，催生出的商业模式更加精准、更加科学，也更有颠覆性。

4. 商业模式绝不是单一不变的，因为它的本质就是一个关于价值交换的系统，具有多元、立体和组合的特点。

5. 好的商业模式可以帮助企业利用自身的资源条件和发展战略在产业价值链中准确地定位，科学合理地设计企业的收入来源和收入分配，起到事半功倍的效果。

6. 任何的商业模式都不是凭空出现的，而是能够涉及和渗透在企业生产、销售和运营的各个环节。

7. 企业之所以存在，就是为了给利益相关者创造、获取和传递价值。这也决定了商业模式必须是一个能够生成利润的模式。

8. 如果想要发挥商业模式顶层设计高瞻远瞩的作用，需要以对目标市场的理解、对用户需求的把握、对竞争格局的认知为前提。

9. "行得通"的商业模式，一定是一个资源合理配置的过程，是从小到大、从不完美到完美一步步实现的。

10. 相比产品和服务，商业模式更为重要，且是任何竞争对手都难以复制和模仿的。

11. 只有服务于战略蓝图的商业模式，才能让企业在激烈的市场竞争中赢得主动。

12. 一个不成功的商业模式会产生大量的内耗，会阻碍企业的发展节奏和步伐，最终拖垮企业。

13. 创新始终是商业模式的灵魂。而这个创新的过程必然是定位板块、利益板块、收入板块以及成本板块这4个功能板块依次交集、共同作用，最终共同决定价值的过程。

14. 在新经济时代，不断涌现的不确定性，将助推商业模式持续获得高度关注。因为，商业模式能够对所有的利益相关者产生强化、诱导的作用，所以对于企业的发展往往具有可预见性。

15. 不论是一个超级巨无霸企业，还是街边的烧饼摊，都有着各自赖以生存和盈利的商业模式，所以，对于一个企业来说，设计出有价值的商业模式，可以让自己拥有独特的竞争力。

16. 初创型组织大多没有足够的资源，大多存在资金短缺、人才匮乏、业务开拓吃力等问题，生存非常不易。所以，正确的商业模式是一个企业能够活下来的前提。

17. 依靠生产规模来驱动经济发展的时期过去了，大中小型企业迎来了一个低端产能严重过剩、市场竞争无序发展的特殊时代，粗放经营的企业已经没有了出路，经济趋势已然发生翻天覆地的改变。

18. 商机往往都存在于潜在的市场环境之中，所以，企业在打造自己的商业模式的过程中，要充分考虑市场趋势的变化。

19. 好的商业模式都有自己的要素、原则、核心、维度、方法，只有将这些都考虑齐全，才能设计出让企业在竞争中脱颖而出的商业模式，让所有参与者都能从中获得益处。

20. 打车应用的"鼻祖"Uber为什么会在中国市场受到冷落？电动车品牌蔚来为什么会崛起，并且有望成为中国市场的"特斯拉"？这些企业和品牌的成功与失败，都离不开商业模式的布局。

21. 一个好的商业模式说到底就是一个商业生态圈，是由与商业模式相关的各个利益者共同建立的一个价值实现、价值最大化的系统，力求做到利益"共同化"。

22. 商业模式的发展需要驱动力，及时发现企业商业逻辑中的不足与问题，优化商业逻辑，不断探寻新业态，从而形成新的驱动力，只有这样，企业才可以获得跨越性的发展，否则，在不断变化的市场行情和激烈竞争中，企业的发展很容易会遭遇瓶颈。

23. 苹果公司推出 iPod 后，获得了极大的成功，这得益于苹果公司对其自身商业模式不断进行重塑，把新技术与卓越的商业模式结合在一起，为客户提供了前所未有的便利。

24. 商业模式的创新要多站在客户的角度思考，把更好地满足客户需求作为出发点和落脚点。

25. 商业模式的跨界，是通过组合产生一个全新物种，从而创造出新的竞争力，可以帮助企业很好地避免同质化的竞争。

26. 很多企业的商业模式都是"打折""促销"之类的，完完全全的价格战，而这只会让企业陷入可怕的恶性循环中。

27. 这个时代的商业模式，时时处处需要多功能化，这样才能很好地打破原有的行业特征，实现身份的多元化、经营思路的多样化，而不再是只在一棵树上吊死。

28. 面对没有胜利者的同质化竞争，企业要冷静思考自己如何通过商业模式来进行调整和跨界，走出具有差异化的路线，从竞争的红海走向蓝海。

29. 一种商业模式如果想成功运营下去，必须像海底捞那样，把客户放在核心位置，实现客户价值最大化，这样的企业即便暂时不能实现盈利，最终也会走向盈利。

30. 商业模式的好坏虽然可以对企业的经营效果具有决定性作用，但是一些先进而有效的商业模式也会逐渐老化和腐朽，这是一个非常客观的规律。

后记

当今企业间的竞争，已经不再只是产品和服务的竞争，而是已经成为商业模式的竞争，特别是在移动互联网快速发展的今天，如果没有一个优秀的商业模式，不管企业资产如何雄厚，也都很有可能会在竞争中败下阵来。本书通过分析实际案例的形式，深入浅出、聚焦路径，具体讲述了商业模式的发展、设计、构建、优化、布局、工具、创新等基础理论内容，为读者详细介绍了适合各类企业战略高度的商业模式，能够启发管理者改变企业传统观念，能够帮助企业重磅打造核心竞争力，在转型升级和变革创新的征程上能够转危为安，实现可持续发展，是一部不可多得、能够激发灵感的商业模式工具书。希望能够得到各位企业领导者、各级管理者、创业者、咨询顾问和所有对商业模式感兴趣的读者的关注与支持。